传媒艺术类
应用型本科教材

张江　孙卫红◎编著

古陶瓷修复技法

Restoration Techniques of
Ancient Ceramic

中国国际广播出版社

图书在版编目（CIP）数据

古陶瓷修复技法 / 张江，孙卫红编著. -- 北京：中国国际广播出版社，2025.6. --ISBN 978-7-5078-5847-1

I. G264.3

中国国家版本馆CIP数据核字第2025S1S802号

古陶瓷修复技法

编　　著	张　江　孙卫红
策划编辑	刘　丽
责任编辑	张晓梅
校　　对	张　娜
版式设计	邢秀娟
封面设计	赵冰波

出版发行	中国国际广播出版社有限公司［010-89508207（传真）］
社　　址	北京市丰台区榴乡路88号石榴中心1号楼2001 邮编：100079
印　　刷	北京汇瑞嘉合文化发展有限公司

开　　本	710×1000　1/16
字　　数	110千字
印　　张	7
版　　次	2025年6月 北京第一版
印　　次	2025年6月 第一次印刷
定　　价	58.00元

版权所有　盗版必究

目　录

第一章　古陶瓷修复概论 / 001

第一节　古陶瓷修复的概念 / 001

第二节　古陶瓷文物保护及修复的原则和基本要求 / 003

第三节　古陶瓷修复职业道德准则 / 004

第二章　古陶瓷修复工作室、设备、工具、材料 / 007

第一节　工作室 / 007

第二节　设备 / 008

第三节　工具 / 011

第四节　材料 / 015

第三章　古陶瓷修复种类 / 022

第一节　研究修复 / 022

第二节　展览修复 / 022

第三节　商品修复 / 023

第四节　金缮修复 / 023

第四章　古陶瓷修复准备、记录、清洗、拼接和配补工艺 / 025

　　第一节　准备工作 / 025

　　第二节　检查和记录 / 026

　　第三节　清洗 / 026

　　第四节　拼接 / 028

　　第五节　配补工艺 / 030

第五章　古陶瓷找平、打底色、绘画、仿釉、做旧工艺 / 035

　　第一节　找平 / 035

　　第二节　打底色 / 036

　　第三节　绘画 / 037

　　第四节　仿釉 / 039

　　第五节　做旧 / 042

第六章　古陶瓷修复实例讲解 / 046

　　第一节　金代磁州窑碗 / 046

　　第二节　唐代邢窑黄釉印花龙纹穿带扁壶 / 048

　　第三节　清代光绪外粉彩缠枝莲内青花三阳开泰撇口碗 / 052

　　第四节　宋代定窑白瓷狮子 / 056

　　第五节　清代乾隆粉彩群仙祝寿图瓷板 / 061

　　第六节　宋代磁州窑白地黑花花卉纹梅瓶 / 065

　　第七节　唐代黑釉双系执壶 / 068

　　第八节　明代素三彩贴花双耳炉 / 073

　　第九节　清代道光粉彩三国人物刀马战将图双狮耳大地瓶 / 076

第十节　清代仿哥釉青花葵口龙纹高足盘 / 080

　　第十一节　清代康熙青花五彩宝珠顶高圆盖 / 084

　　第十二节　唐代邢窑褐釉三足炉 / 088

　　第十三节　清代黄釉青花八卦纹双耳抱月瓶 / 092

　　第十四节　元代钧窑天蓝釉红斑碗 / 095

第七章　古陶瓷的保存与养护 / 099

　　第一节　保存环境 / 099

　　第二节　养护手段 / 100

附录　修复作品欣赏 / 102

第一章 古陶瓷修复概论

第一节 古陶瓷修复的概念

古陶瓷修复技艺是一项以传统手工工艺为表现特征,综合运用有机材料、无机材料和模塑成型工具,使残损的文物艺术品得以恢复原有神韵的特殊技能。它既是一门技术,也是一种艺术。

一、古陶瓷文物

中国是瓷器的故乡,英语中的 China 一词除了指中国,另一个含义就是瓷器,由此可见中国与瓷器是密不可分的。瓷器是古代劳动人民的一个重要创造,是中华民族对世界文明的伟大贡献。瓷器不仅是"始于土,成于火,瓷比玉,宁碎不折"的艺术,也是我们古代先民智慧、心血的结晶,是不可再生的国宝。由于自然和人为因素及陶瓷本身"宁折不弯"的特性,大多都已残损,保存至今完好无损的相对较少,所以古陶瓷修复这门手艺便应运而生。

我国古陶瓷修复最早出现在新石器时代,如甘肃出土的一件新石器时代彩陶罐,上面就有人工修复的痕迹。另据发掘资料,宋元时期就存在以金属薄片修补陶瓷的实例。清代宫廷已经有陶瓷修补,据养心殿造办处的档案记录,有去景德镇补釉的,有用蜡补胎的,有用大漆或金缮修补的。《景德镇陶录》中记载:"粘碗盏法,用未蒸熟面筋入筛,净细石灰少许,杵数百下,忽化开入水，以之粘定缚牢，阴干，自不脱，胜于钉钳，但不可水内入浸。又凡瓷器破损，或用糯米粥和鸡子清，研极胶粘，入粉少许，再研，以粘瓷损处。"到了民国时期，当时的手工艺人用蛋清加石灰、蚂蟥液汁加糯米粉等把碎裂瓷器黏合在一起，用虫胶、树胶或鱼胶调和矿物质颜料，再用毛笔涂抹在修复部位作色仿釉。在我国民间有"惜物保福"的思想，这就催生了锔瓷修复手艺。有一句谚语"没有金刚钻，别揽瓷器活"，指的就是以铜钉铜补的方法修复陶瓷器物，这种修复方法在20世纪六七十年代的农村应用很广泛。

随着时代的发展、科技的进步，新科技、新材料应用到古陶瓷修复中，提高了修复水平，并将修复和保护完美地融合在一起。这门古老又充满神秘色彩的技术，一直以来都是以父子相继、师徒相承的方式流传下来。他们之中的高手修复出来的效果，连器物持有者本人亦不能分辨其损坏部位，如做气泡的绝活，即使拿放大镜放大数倍也无法鉴别，甚至气泡的大小疏密都完全一致。相关资料显示，我国的文物修复和保护人才处于严重短缺和断层状态。针对这种现状，国家在近些年先后在北京大学、复旦大学、西北大学陆续设置了文物保护或文物鉴赏与修复专业，培养了大批文物修复保护技术工作的骨干力量。

古陶瓷修复人员，就是"文物的医生"，在给文物"治病"，经过分析和诊断判断出它的"病理""病变""病根"在什么地方，再拿出治疗方法进行实验，直至把它"治疗"好，并对其进行保护，为国家和民族守住记忆，传承文化。

二、陶瓷类文物损坏的主要原因

古陶瓷分为古陶器和古瓷器。古陶器本身是低温烧结而成的，先天性决定了它胎体疏松、结构脆弱、吸水率高而硬度低。相比古瓷器而言，它更容易受到水侵、土侵、虫咬、化学物质腐蚀及潮湿空气所致霉变等影响。而古瓷器使用原料不同，烧成温度高，胎体坚硬，釉质好，耐腐蚀、耐候性相对较好。

古陶瓷的损坏基本上分为物理机械损坏、化学损坏、生物损坏和光照损坏等四大类伤害。

物理机械损坏包括：（A）人为造成的损伤，瓷器硬脆的特点决定了它怕碰撞。碰撞造成的损伤有：磕伤、冲口、炸纹、断折、粉碎等。（B）震动造成裂纹损伤，包括地震、水流冲击、搬运过程中的震动等。（C）长期摩擦造成的毛边、划伤、失釉、脱彩等伤害。

化学损坏包括：由于地下水及潮湿的土壤中含有碳酸盐、硫酸盐、卤化物等化学物质，这些物质会侵入陶瓷的外部和内部，造成陶瓷釉面失光、变色、脱彩等伤害。例如，一些古陶瓷的局部表面浮有一片片灰白色的斑块，就是釉面在泥土中长时间受潮湿和酸性物质腐蚀而产生的沉积膜。

生物损坏：一般指虫咬，如白蚁、鼠类对器物的咬蚀。另外，还有植物的植酸在瓷器表面留下的痕迹。

光照损坏：在正常情况下，陶瓷可以承受一定程度的阳光照射，但过度的阳光暴晒会导致瓷器釉面因热胀冷缩而开裂。此外，釉色在阳光长时间的照射下可能会逐渐褪色，特别是釉上彩的瓷器。

第二节　古陶瓷文物保护及修复的原则和基本要求

一、修复古陶瓷器，须严格遵守文物修复原则。

一是遵循"修旧如旧，不改变文物原状"的原则。

二是遵循最少干预原则，尽可能保存文物本身所携带的原有信息。

三是遵循长期有效原则，尽可能减少对文物的反复处理。

四是遵循可逆性处理原则，针对某些文物保护材料的老化问题，在国内使用成熟的前提下，允许保护材料的更新换代。

综上所述，在实施修复中必须忠于实物的历史原貌，保存文物的原汁原味，不能随意加工改变、乱拆蛮干、添新改旧，使文物再受一次人为的破坏。修复时要有年代感，不要不伦不类，一定要保持原有的历史形态、艺术风格和科技文化信息。在实施修复前，要将器物的年代信息、胎质釉色、绘画风格、受损情况等记录存档。

在修复过程中要始终贯彻文物"修旧如旧"的理念，该理论由朱启钤率先提出。朱启钤在20世纪50年代主持北京旧城改造时，提出了古建筑"修旧如旧"的原则，这也成为古陶瓷修复领域所遵循的修复准则。在国外，如法国、英国、意大利，古陶瓷修复师也遵循"修旧如旧"的修复理念。

第三节　古陶瓷修复职业道德准则

古陶瓷修复工作与其他工作内容和性质有所不同，其面对的对象是文物，这一特性要求古陶瓷修复人员在工作时对文物要有敬畏之心和敬业精神，同时要了解修复对象的历史背景及所处的社会文化，增强自身的艺术审美能力。文化素养和艺术修养最终会以修复后文物的现状呈现，因此文化程度和艺术审美能力的高低都是衡量古陶瓷修复人员的重要标准。

一、文化修养与艺术修养

在我国的传统文化中，"青"可以说是内涵最丰富的颜色，"青"的衍生色彩——天青色，是一种略显神秘的颜色。据记载，五代时期后周的柴世宗命人烧造一批瓷器，负责此事的官员向皇帝请示要烧制成什么颜色，柴世宗批复道："雨过天青云破处，这般颜色做将来。"意为仿照雨过天晴的颜色，把瓷器做出来。于是后世便有了水一般清润的汝窑瓷器。这种颜色的文化内涵也被赋予到现代的文物创意产品设计上，有设计师把汝窑残片设计成首饰饰品，还有的设计师把这种颜色用在箱包上。这就是陶瓷之美对后世的影响。

古陶瓷修复人员要寻找美的元素，探寻古陶瓷历史对于器物审美观念的影响，发现古陶瓷线条构图之美、纹饰图案之美、色彩变幻之美、工艺技法之美，努力提升文化品位和美学思想，要在思想和灵魂上与那个时代产生共鸣。

古陶瓷修复人员只有具备了良好的文化修养和审美的判断能力，才能在修复古陶瓷的过程中做到心中有数，在技法上游刃有余。

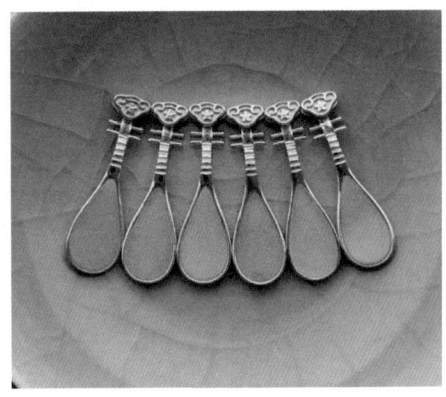

图1-3-1　北宋汝窑水仙盆和汝窑文物创意首饰（台北故宫博物院藏）

二、敬业精神

宋代朱熹说，"敬业"就是"专心致志以事其业"，即用一种恭敬严肃的态度对待自己的工作，认真负责、一心一意、任劳任怨、精益求精。在修复古陶瓷的事业中，工作人员往往会面临很多困难，如药味熏人的实验室、遇到修复技术难题无法解决时的焦虑折磨、遇到紧急修复任务时挑灯夜战、每日"钉"在座位上忍受寂寞孤独等。所以，这一行的从业者要有坚毅的品格、不达目的不罢休的坚韧及不怕吃苦受累的苦干精神。

另外一种敬业体现在抵制金钱诱惑上。不义之财，坚决不能赚取。从事这一行业，修复师要严格遵守国家制定的法律法规，对文物要存有敬畏之心，走正道才能结正果。

小　结

什么是古陶瓷修复？古陶瓷修复就是在不损伤文物历史价值的基础上，最大限度地恢复它们曾经的光彩。作为《中华人民共和国职业分类大典》里的职业之一，文物修复师是从事文物本体历史、艺术与科学价值研判，保存状况分析，并进行加固、清洗、补全、表面封护等工作的人员。古陶瓷修复人员就像一位"外科医生"，用专业的方法为破损的古陶瓷实施"手术"，从而让它们恢复昔日的风采。

课后作业

1. 古陶瓷修复最早出现在什么时代？
2. 文物"修旧如旧"的理念是谁最早提出的？
3. 潮湿的土壤中含有哪些会对古陶瓷造成伤害的化学物质？

第二章 古陶瓷修复工作室、设备、工具、材料

在古陶瓷修复中，工作环境、设备、工具和材料都是必需品。古陶瓷修复人员不仅应当掌握专业设备和工具的使用方法，在工作时需要运用不同的工具修复不同器物，还要熟知材料的各种特性，面对不同的损蚀问题时采取相应的材料进行处理。可以说，在合适的工作环境中将设备、工具及材料配备齐全，才能在应对各种问题时心有底气、胸有成竹、游刃有余。

第一节 工作室

一、工作室的建设布局

工作室的房间应该比较宽敞、明亮，自然光线充足，室内要有良好的通风条件，保证空气流通。靠窗的位置需安装两三个通风柜，通风柜又称通风橱，操作人员在柜内进行喷涂作业，它的功能主要是排气，防止一些刺激性的气味散到室内。在室内还需安装自来水龙头、水池和下水管道，这是古陶瓷前期清洗的必要设施。工作室要配备工作台，一般是面积较大的、厚实的木案，木制品材料的软硬度适合放置古陶瓷。在工作台的上方要安装一个带有排气扇的排烟罩，用以

排除有害化学气体。工作室内还要配备药品柜、博古架和储物柜，用于放置各种化学药品、古陶瓷、各种工具、材料和其他物品。最后，工作室还需配备能自动控温的烤箱，因为古陶瓷修复后期的找平、打底色、绘画、上釉都需要几遍烘烤工序。

二、工作室的环境要求

工作室对温度、湿度有一定的要求，温度应保持在15℃—25℃之间，湿度不超过60%，这需要安装空调设备，以保证室内的温度与湿度。工作室为什么会对温度和湿度有要求呢？这是因为过高的温度对古陶瓷后期的上釉有影响，会导致釉面过渡困难，过高的湿度会导致上釉之后，釉面不容易彻底干透且泛白，出现雾状，后期还会出现光泽退化、返黏等问题。

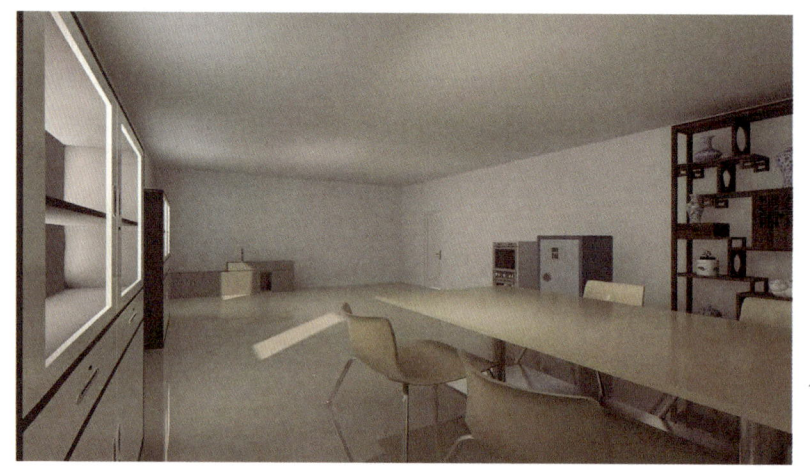

图2-1-1　古陶瓷修复工作室设计图

第二节　设备

随着时代的进步、科技的发展，过去纯手工操作的修复方法已不能适应现代修复需求，一些机械设备已进入陶瓷修复领域，修复部门或单位应配备下述机械设备。

一、空气压缩机

空气压缩机,俗称气泵,它是喷涂施工中必不可少的机械设备。市场上出售的空气压缩机品种、规格及型号很多,有大型的,有小型的。就古陶瓷修复来说,一台小型的空气压缩机即可满足喷涂要求。大型空气压缩机不仅价格昂贵,而且工作噪声大;而小型空气压缩机价格便宜,噪声小,且喷涂气流大小对古陶瓷的修复要求正合适。

图2-2-1　空气压缩机

二、自动恒温烤箱

在古陶瓷修复中,不论前期黏结配补,还是后期找平、打底色、绘画、上釉,烤箱都是不可缺少的干燥固化设备。一般烘烤温度设定在100℃—120℃之间,修复中所用到的前期材料和后期材料本身也能自干,但高温加热到100℃以上后,会干燥得更彻底,硬度高,附着力强,干燥时间也会大大缩短,在使用后期仿釉材料时这一优势更加明显。

图2-2-2　自动恒温烤箱

三、打磨机

打磨机一般在黏结配补时使用，如用瓷片进行补缺时，补的瓷片难免会凸出来，这就需要用功率高的打磨机把瓷片打磨平整。在进行碎片黏结时，为了黏结平整不嵌茬，需要用小型打磨机沿碎瓷片茬口处打磨平整；还可在修复部位进行开槽、钻孔、打磨和抛光等机械化作业。

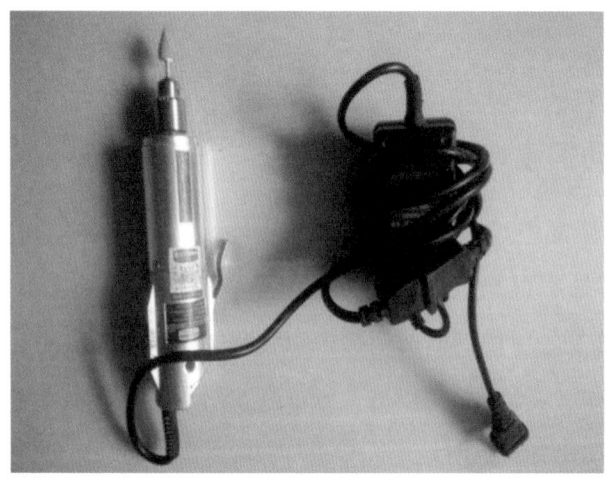

图2-2-3　打磨机

四、热吹风机和烤灯

热吹风机用于修复部位的局部加热。热吹风机一般选用功率较大、热度高的工业用品种,我们平时洗完头发后用的热吹风机因为热量小,一般不适用于此。常用烤灯的全名是移动式短波红外线烤灯,它主要是用于烘烤大件器物。烤箱体积相对较小,一些大型陶瓷器物无法放入,这时可使用移动式短波红外线烤灯局部加热。由于移动式短波红外线烤灯灯头可自由调节高度和照射面积,因此可以烘烤任何大小的陶瓷器物。

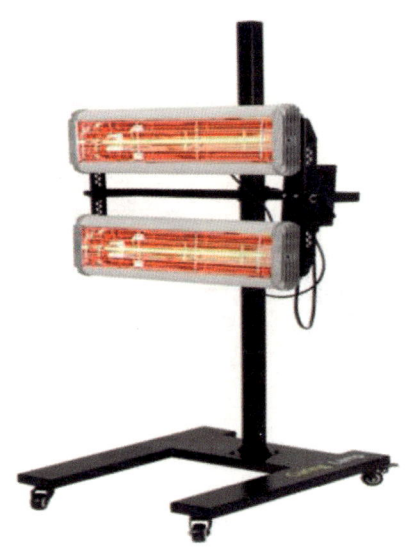

图2-2-4　移动式短波红外线烤灯

第三节　工具

"工欲善其事,必先利其器",要想把工作做好,使用合适的工具是很重要的。有些工具可以从市场买到,有些工具需要自行动手制作,在此仅就一些常用工具加以介绍。

一、喷笔

喷笔是喷涂工艺中的必备工具,有多种型号和规格。就口径来说,喷笔有三种:0.2mm、0.3mm 及 0.5mm,一般选择 0.2mm 和 0.3mm 这两种口径。喷笔是精细工具,使用时必须仔细保养,若使用操作不当,用几次可能就会损坏,如保养得当,可用几年或更长时间。喷笔每次使用完都要进行拆卸清洁,拆卸时,抽拔节流针尖时要极小心,因为节流针尖非常细,容易折断弯曲,会造成喷不出釉料或喷绘线条断折,所以节流针尖的保养是使用喷笔非常重要的一环。

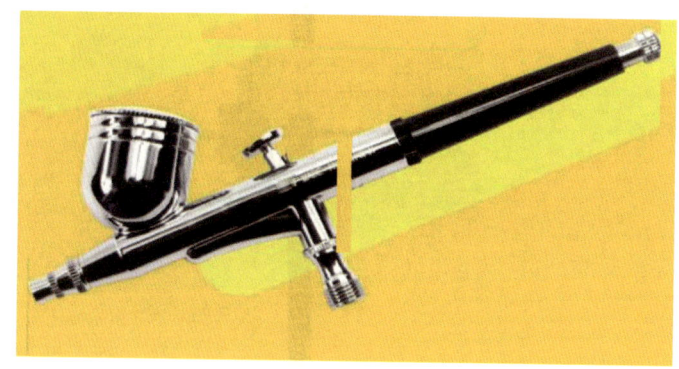

图 2-3-1　喷笔

二、刷子

刷子一般用于前期修复工作,常用的刷子分为硬毛刷和软毛刷。硬毛刷常用于除锈和去除一些硬质的污垢。软毛刷用于清除器物表面的浮土和器物清洁时的刷洗。硬毛刷有铜刷,软毛刷有羊毛刷、猪毛刷等。

三、刀具

各类刀具主要用于配补工艺,常用的刀具有钨钢篆刻刀和壁纸刀两大类。

图 2-3-2　篆刻刀

四、毛笔

毛笔是修复工作中最常见的工具之一，清洁、配补、作色、仿釉和做旧等工序都要用它。修复中最常用的毛笔有狼毫勾线笔、中号毛笔、排笔、油画笔等。

五、砂布和砂纸

砂布和砂纸是前期黏结配补，后期找平、做旧等工艺中常用的工具。砂纸的品种有水砂纸、干磨砂纸、金相砂纸。金相砂纸是所有砂纸里面最细的，它适合打磨仿釉涂层的边缘。砂布相对于砂纸来说质地更坚硬，打磨力量更大，所以砂布常用于黏结配补的工序中。砂纸则一般用于找平、做旧等工序中。

六、调色杯和调色铲

调色杯和调色铲是作色、仿釉工艺中调制颜料和釉料的基本工具，有时也用于调制各类黏合剂。调色杯可选用饮酒用的陶瓷小酒杯，有大小两种容积。调色铲可以自制，找一根长度为15厘米左右的粗铁丝，把粗铁丝的一头用锤子砸扁，然后打磨光滑，另一头缠上厚厚的胶带纸。这种自制的调色铲使用起来非常顺手好用。

图 2-3-3　调色杯

除了上述工具，经常用到的工具还有镊子、防毒口罩、胶皮手套、玻璃盐水瓶、纸巾、胶带纸、脱脂棉、吸管、画笔等。

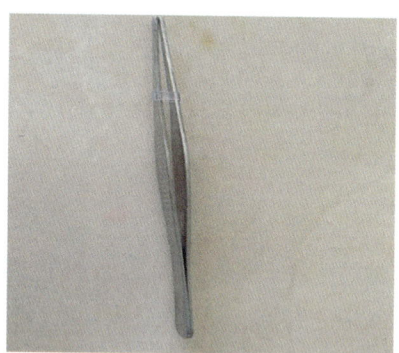

图 2-3-4　镊子

图 2-3-5　防毒口罩

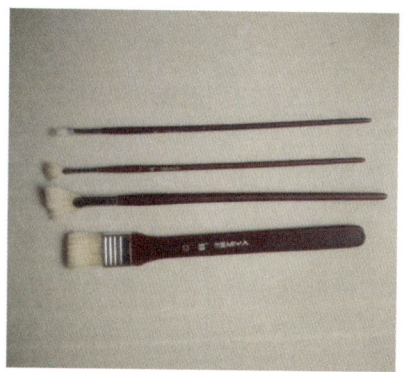

图 2-3-6　画笔

第四节　材料

从过去传统的修复技艺到今天新科技、新材料的应用，古陶瓷修复领域有了新飞跃，修复水平也迈上了一个新台阶。下面就古陶瓷修复所用到的材料分别加以介绍。

一、清洁剂

清洁剂是清洗古陶瓷所用的化学药剂，经常用到的几种清洁剂有以下几类。

1. 洗洁精

洗洁精是厨房用的洗涤剂，去污、去油效果好，最大的优点是毒性小，不伤器物。

2. 硝酸

硝酸是用于拔除裂纹处黑线的化学材料。陶瓷器物上的裂纹由于年长日久，会形成一道黑线，只能用硝酸将其去除。具体操作方法为：把浸湿的棉花条敷在黑线上，用吸管将硝酸滴到棉花条上敷几天，黑线基本就会拔除干净。这里需要注意的是，青花釉下彩可以使用硝酸，如果是釉上彩器物，切忌使用硝酸，否则会使釉彩脱落。另外，使用硝酸时一定要保证操作安全，因为硝酸有强烈的腐蚀性，会腐蚀肌肤。

3. 丙酮

丙酮是一种溶解力很强的有机溶剂，它可以很好地清除陶瓷器物上的油性污垢和各种杂质。另外，还有一些清洁剂，如稀盐酸、高锰酸钾、乙醇水溶液、醋酸水溶液、碳酸盐溶液、硫酸盐溶液、硅酸盐溶液等。

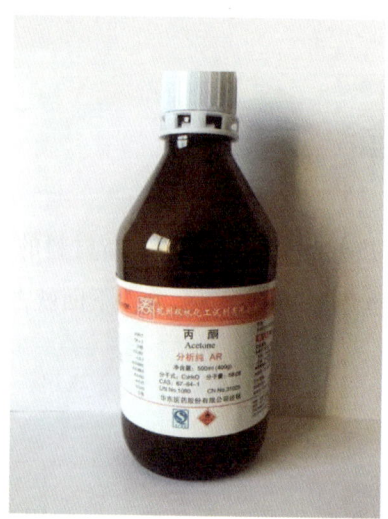

图2-4-1 丙酮

二、黏合剂

黏合剂是一种具有黏合性能的物质,分为天然和有机合成两类。天然黏合剂包括动物黏合剂,如骨胶、虫胶、鱼胶等;植物黏合剂,如淀粉胶、松香胶、天然橡胶、桃胶等;矿物黏合剂,即沥青。有机合成黏合剂,如环氧树脂黏合剂、三甲树脂黏合剂、"107"黏合剂、乳胶、热熔胶、"502"胶等。下面就古陶瓷修复中常用的黏合剂介绍如下。

1. 虫胶

虫胶,又称紫胶、紫草茸等,是紫胶虫吸取寄主树树液后分泌出的紫色天然树脂。虫胶树脂黏合力强,光泽好,能溶于醇和碱,耐油、耐酸,对人体无毒、无刺激。

2. 环氧树脂黏合剂

环氧树脂黏合剂一般是指以环氧树脂为主体所制得的黏合剂,一般还需要加入环氧树脂固化剂以使其固化。环氧树脂黏合剂因具有优良的黏结强度,固化后收缩率小、耐高温、耐腐蚀、耐化学药品等优点,成为古陶瓷修复中广泛采用的黏合剂。修复中经常使用的是环氧树脂胶，它是 AB 双组分黏合剂，无色透明，无毒、无味，常温 24 小时固化，100℃加热后两个小时即可固化。它在配补使用时要加入适量的填充料，这样不仅可以降低成本，还可以提高固化物的硬度、强度、耐磨性和耐收缩性。常用填充料有滑石粉、玉石粉、氧化镁、高岭土等。

3. "502"胶

"502"胶的特点是瞬间固化、黏化，能粘住绝大多数各种材质的物质，也称万能胶水。"502"胶是一种优良的瞬间黏合剂，适宜灌缝，小面积黏结。因它的黏结力较弱，所以不适宜黏结大面积破碎严重的器物。但其贮存期短暂，只有两三个月，所以使用时尽量随用随买，避免失效浪费。

图 2-4-2　环氧树脂胶

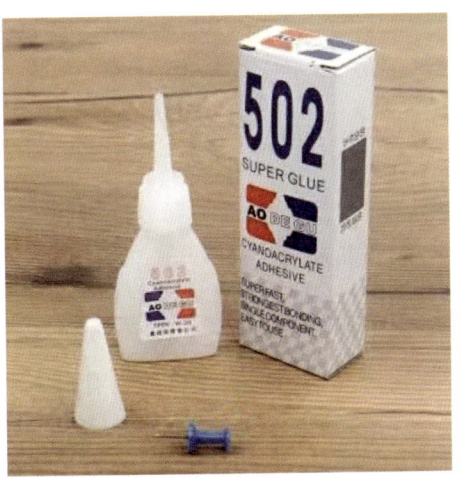

图 2-4-3　"502"胶

三、颜料

颜料是绘画、仿釉、做旧工艺中的基本材料，它大致可分为以下两种类别。

1. 有机颜料

有机颜料是不溶性有机物，其特点是色彩鲜明，着色力强，耐光、耐热性能好。古陶瓷修复所用的有机颜料是油漆色母，有白色、黑色、湖蓝、柠檬黄、中黄、土黄、橘红、玫瑰紫、深紫、大红等。

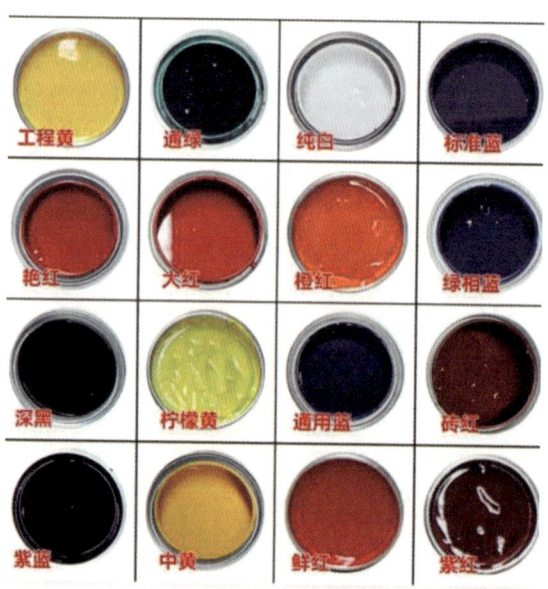

图2-4-4　有机颜料

2. 无机颜料

无机颜料分为天然无机颜料和人造无机颜料，天然无机颜料是矿物颜料。古陶瓷修复中用到的无机颜料有群青、铁蓝、锌白、钛白、炭黑、铝粉、铜粉、氧化铁红、氧化铁黄等。

图2-4-5　群青

四、仿釉涂料

民国时期,古陶瓷修复人员使用的仿釉材料一般是虫胶,它是一种天然树脂。20世纪八九十年代,随着化工科技的进步,有很多品种的化学合成树脂可以使用,如聚酯树脂、聚氨酯树脂、硝基漆、醇酸树脂、免烧瓷釉等,但这些化学树脂都有一个共同的缺点,就是耐黄变性能差。用这些化学树脂修复完成后,长则几个月,短则一个月,釉面就会变黄,环境温度越高变得越快,这样修复就没有意义了。针对这种情况,古陶瓷修复界的从业人员不断地探索,寻找一种耐高温、耐黄变性能好的仿釉材料。现阶段,这个问题得到了解决。丙烯酸树脂具有良好的耐黄变性、耐热性、耐水性、耐磨性,用它做仿釉涂料,亮度好、硬度高、不变黄、釉层饱满、附着力强。目前古陶瓷修复界广泛使用的是荷兰新劲烤漆,其高硬度、高亮度、高流平,性能优越。

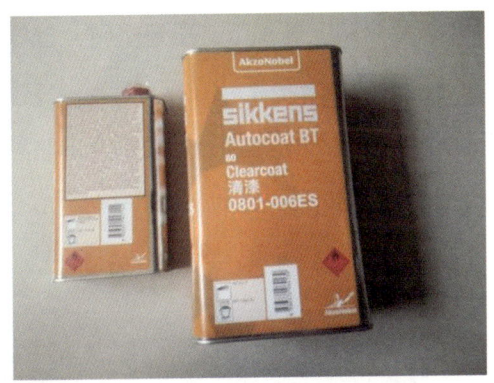

图2-4-6 丙烯酸树脂仿釉涂料

五、有机溶剂

古陶瓷修复用到的有机溶剂主要有两种:第一种是硝基稀料。硝基稀料俗称香蕉水、天那水等,是由酯、醇、酮、苯类等有机溶剂配制而成的一类稀释剂,是找平、打底色、绘画、仿釉、做旧这些工序中必不可少的材料。第二种是酮类溶剂。酮类溶剂中最常用到的是丙酮，丙酮是一种无色透明液体，有微香气味，易燃，易挥发，化学性质较活泼，对合成树脂有很强的溶解力，在陶瓷修复中主要当作溶解剂和清洁剂使用。

图 2-4-7　硝基稀料

六、其他材料

红白打样膏是一种牙科材料，常温下，质地坚硬，容易脆裂。在温度80℃左右，红白打样膏会软化，可随意塑型，在配补工艺中它作为压印模具使用。

研磨膏是用于对烤干后的仿釉涂层进行研磨消光的材料。

抛光剂是增加仿釉涂层光泽度、瓷质感的一种材料，常用的是液体纳米二氧化硅。

图 2-4-8　红白打样膏　　　　图 2-4-9　抛光剂

小 结

现代古陶瓷修复工作者探索出了一些新工艺、新方法、新材料,但修复的器物在各项性能指标和显微结构方面与原器物都有一定差距。古陶瓷修复是小众行业,目前还没有科研机构和生产厂家为这一行业专门研发生产设备材料,古陶瓷修复人员使用的设备材料都来自其他行业。根据这种现状,行业要引进人才,进行新工艺、新材料、新技术的开发与研制,如低温釉的研制、激光修复、高仿瓷材料应用等新领域的开发。

课后作业

1. 古陶瓷修复工作室为什么对温度和湿度有要求呢?
2. 哪种仿釉材料亮度好、硬度高、耐黄变性能好?
3. "502"胶不适宜黏结哪些器物?

第三章　古陶瓷修复种类

古陶瓷修复主要分为研究修复、展览修复和商品修复三种类型，还有一类为金缮修复。

第一节　研究修复

研究修复是几种修复中最简单的修复方式，它只需把破损的陶瓷器物表面污垢清理干净，把碎瓷片拼接粘牢，将缺少的部分用石膏补上，打磨成型，恢复原样即可。它不进行后期的绘画、仿釉、做旧等工序，能比较真实地反映考古信息，不做过多的干预，属于可逆性修复。之所以对其进行修复，是因为可以比较直观地看到这件器物的若干信息，能为考古专家和学者的研究工作提供较好的实物资料。

第二节　展览修复

展览修复是博物馆、展览馆大多采用的一种修复方式。它除了要进行前期的黏结配补，还要进行后期的绘画、仿釉、做旧等工序。此类修复的技术要求，与商品修复的要求基本相同，但不像商品修复要求肉眼不能看出来那么严格。展览修复是放在展柜里进行展出，观众不能拿在手里仔细观察鉴赏，观看的时候会有一定的距离，所以基本看不出大面积的损坏痕迹即可，因此行业中流传着这样一句话："远看无差异，近看有区别。"展览修复要求修复部位采用的材料有良好的抗老化性、耐黄变性，以免重复修理而对器物造成伤害。

第三节　商品修复

商品修复是几种修复中最难的修复方式，因为修复的目的是把修复好的器物进行商品交易，所以对修复的外观效果有严格的要求，要做到肉眼不能识别，甚至做到用各种仪器都难以鉴别。商品修复要求修复师有过硬的美术基础，要了解各个朝代陶瓷的造型、胎釉、纹饰等特征及历史信息，还要掌握与陶瓷修复有关的化学知识，用有机材料修复出无机材料的外观质感和效果，更高的要求是把古陶瓷本身的气质内涵表现出来。目前，国内的拍卖行、古董商及一些博物馆大多要求采用这种无痕修复方式。

第四节　金缮修复

金缮修复是传统瓷器修复技术，本质上是漆艺的范畴。金缮修复是用天然的大漆黏合瓷器的碎片或填充缺口，再将漆的表面敷以金粉或贴上金箔。这门手艺的出现是基于对残缺物品的珍惜，用世上最贵重的物质来修复缺陷。采用这种修复技巧，不但可以修复器物，也可能创作独特的全新作品。从审美角度看，它是一种艺术的再创作，尤其体现在汝窑和龙泉窑上，如冰似玉的瓷釉和金彩相互映衬，体现了一种独特的美。

小　结

古陶瓷修复的四种修复种类各有优缺点和特色。研究修复的优点是能直观、真实地看到器物的原有信息和痕迹，缺点是外观看着不完整，美感欠缺，国外大多数的博物馆都采用这种修复方法，目的是最大限度体现器物本真。展览修复的优点是展示效果佳，通过专业的修复和保养，文物能够以最佳状态展现在公众面前，提升观赏体验。此外，在展览修复过程中，会对文物采取必要的保护措施，确保其在展览期间不受损害，延长文物的使用寿命。展览修复的缺点是需要专业技术和设备，成本较高，这对于一些小型博物馆或机构来说可能难以承担。商品修复的优点是外观呈现出最好的视觉效果，其也是最有市场前景和市场价值的修复类型，但它的缺点是要求较高，修复师要具有过硬的美术基础和艺术审美。另外，这种修复方法的缺点是覆盖面积大，一些器物上原有的历史信息和痕迹会被遮盖。金缮修复的优点是美观性和实用性，金缮修复是在破损处覆盖金色装饰，使修复后的器物有很高的观赏价值。金缮修复的实用性体现在使用天然的大漆，不会产生化学污染，修复后器物可以当作原器物继续使用。金缮修复的缺点是工艺复杂，金缮修复需要经过清理、拼接、补缺、补漆、装饰、罩光等多道工序，整个过程耗时较长，通常需要几个月的时间。究竟选择哪种修复类型，每个机构要求不同，每个人的解读也不同，根据自己的实际情况和需求来选择适合的修复类型即可。

课后作业

1. 古陶瓷修复有哪几种修复种类？
2. 展览修复对修复部位使用的材料有哪些要求？
3. 商品修复对修复师有哪些要求？

第四章　古陶瓷修复准备、记录、清洗、拼接和配补工艺

第一节　准备工作

意大利文物修复理论家切萨雷·布兰迪认为，"所谓修复，是对艺术作品的物质性存在和其美学、历史两方面性质的认识，并考虑将其向未来传承的方法论"。文物保护的目的在于传承，而传承什么，则需要我们在修复操作前对文物的所有信息进行分析、判断和记录。

掌握基本的古陶瓷历史知识概念：

（1）生产古陶瓷的朝代有汉代、唐代、宋代、元代、明代、清代等。

（2）器型有瓶、尊、碗、盘、盏、罐、炉、壶、杯等。

（3）古陶瓷纹饰特征有婴戏纹、缠枝纹、莲花纹、牡丹纹、八吉祥、福禄寿图、海水龙纹、花鸟纹等。

（4）关于窑口，有宋代五大名窑（官窑、哥窑、汝窑、定窑、钧窑）和八大窑系（定窑系、磁州窑系、耀州窑系、钧窑系、龙泉窑系、景德镇窑系、建窑系、越窑系）。

第二节 检查和记录

1. 检查流程

在进行修复前，要对待修复器物进行全面的观察和分析。首先，检查器物的残损程度，判断是断裂、缺损还是炸纹等损伤状况；然后确认器物的材质，是陶胎还是瓷胎；接着辨别器物上的彩绘纹饰情况；最后对器物上的污染物进行检测，确定污染物是有机物质还是无机物质。

2. 记录规范

在古陶瓷文物修复前要填写修复记录，内容包括器物时代、损坏情况、修复部位、采用的修复方法和材料、修复日期，以及在使用和保管过程中应注意的事项。器物修复前后要拍照录像，建立修复档案。

第三节 清洗

1. 软质泥土的清洗

软质泥土在器物表面附着不牢固，所以清洗过程比较简单，大体上有两种清洗方法：一是用软毛刷将器物表面上的浮土扫除，二是用干净的湿布把器物表面上的软质泥土擦拭干净。

2. 硬质泥土的清洗

硬质泥土附着在器物表面上，比较牢固和坚硬，这就需要用硬铜刷和刀锥等尖利工具将其剔除。操作时要特别注意手法、力度的轻重，不可损伤器物，特别是质地酥松的陶器，要格外小心。

3. 表面沉积物的清洗

古陶瓷表面的沉积物主要有三大类：硅质（硅酸盐）、石灰质（碳酸盐）、石膏质（硫酸钙）。清洗沉积物可采用机械清除法和化学清除法相结合的方法，具体介绍如下：

机械清除法是用小型超声波清洗机、电动刻笔刀、毛刷和铜刷等工具清除器物上的沉积物。这种方法不适宜胎质松软或风化严重的器物。对那些不宜采用水洗、酸洗和浸泡方法进行清洁处理的器物，可采用此方法。

化学清除法是用化学药剂来清除陶瓷器物表面碳酸钙镁等锈碱和二氧化铁等污染物。化学药剂的选择有稀盐酸、碳酸盐溶液、硫酸盐溶液、硅酸盐溶液等。使用时先用水按所需比例稀释，浓度可视具体情况而定。

4. 有机油脂的清洗

有机油脂的清洗方法很多，最常采用的有两种方法：一是皂液洗涤法，就是用肥皂水、洗洁精等溶液浸泡刷洗器物，去除表面的油污和杂物。此种方法不损伤器物，安全无毒、操作简单、方便易行。二是用丙酮、硝基稀料、汽油、乙醇、乙醚等擦拭去污，这些有机溶剂去油、去污能力强，去污干净彻底。

5. 可溶盐的清洗

可溶盐类是陶瓷器文物最主要的病害，在修复前一定要清除干净。古陶瓷器物的存在环境主要有三种：地上、地下、水下。在地面上的陶瓷器物保存环境相对较好，器物表面上的可溶盐类并不多。可溶盐类清除主要指的是清洗地下和水下器物。地下潮湿的泥土中含有钙、镁、钠、钾的硫酸盐、盐酸盐、碳酸盐等酸性物质，陶瓷器物若长期埋于盐化土壤中，这些可溶盐会腐蚀污染器物，使器物表面脱彩剥釉，内部松脆，容易碎裂。水下陶瓷器物，即"海捞瓷"，在考古界其专业术语是"出水文物"。海水中富含海盐类物质，陶瓷器物若长期浸泡在海水中，表面和内部会浸入大量可溶盐。这些器物打捞出水后，在短时间没有大的变化，但几年后器物表面就会泛白，变得粗糙，釉面、彩绘成片脱落，器物内部会酥解碎裂。为了改变可溶盐对陶瓷器物的伤害，要进行脱盐处理。可以用去离子水（纯水）浸泡脱盐，多次换水，直到浸泡水电导率升高、幅度趋平缓，此时可以视为完成脱盐。

清洗古陶瓷器物，并非清洁得越彻底越好。对于那些具有年代特征、能反映出历史信息和痕迹的土锈、水锈、杂质等，应适当保留。以笔者修复的邢窑黄釉扁壶为例：提梁处有很多硬质沉积黄土，器壁上有水锈、土锈等杂质，这件器物没有清洗，只把修复部位用干净的湿布简单擦了擦，其他原样保留。文物修复原则就是"修旧如旧"，若过度清洗就违背了这一修复准则。文物修复的前提是保护，修复师要时刻秉承这一主旨和理念。

第四节　拼接

将古陶瓷断折或破碎的部位用黏合剂牢固地黏合在一起，就是修复中的黏结工艺。

（一）黏结前的准备工作

1. 拼对

在黏结前，要做两方面的准备工作：一是拼对。要根据器物的形状、纹饰、断茬口的折痕确定碎瓷片的拼接位置。如果碎块太多，可以在碎块上做上标记，以利于辨别。二是对断茬口部位进行处理。因为碎瓷片的茬口会有一些污垢，如果不清洗干净，会影响黏结牢固度。对于硬质污垢，可用壁纸刀片刮除，软质污垢可用有机溶剂擦拭清除。

2. 黏合剂的选择

陶瓷器物拼接可选择的黏合剂品种很多，最常用、最好用的有两种：一是环氧树脂胶。它是一种双组分黏合剂，具有优良的黏结强度，无色透明、无毒无味，耐高温、耐黄变、耐收缩，常温 24 小时固化，加热到 100℃后 2 个小时即可固化。二是"502"胶，它液体稀薄，容易流散，黏结速度非常快，通常数秒至数分钟即可固化，其缺点是黏结牢固度较弱，在陶瓷修补中主要用于灌缝和小面积黏结。

（二）黏结方法

黏结方法基本有两种：合拼黏结法和灌注黏结法。

1. 合拼黏结法

在拼接前，先把所有碎瓷片摆开，按照碎瓷片的形状、纹饰、厚度进行分析，找出它们之间的断折关系，根据当时的情况决定黏结顺序。再把黏合剂均匀地涂抹在清洗干净的断茬口上，然后将两块瓷片吻合对接在一起，吻合后由于挤压，会有一部分黏合剂流出来，这时要用脱脂棉或卫生纸浸入少量有机溶剂把流出的黏合剂擦掉。因为环氧树脂黏合剂常温下四五个小时内基本定型，24 小时完全固化，所以在基本定型的时间内黏合剂是流动的液体，就导致黏结的瓷片不固定，总是变形，这就需要不停地观察矫正形状，操作的过程要有耐心。黏结工艺的难点是错茬的问题，碎瓷片越多难度越大，稍不注意就会错位，一旦错位，就会对后期的打底色、绘画、仿釉造成很大影响，所以黏结效果不能有丝毫的偏差。对于碎裂严重的器物，为了节省黏结时间和减少黏结步骤，可先将所有碎瓷片拼接起来，然后用胶带纸黏结固定，在黏合剂固化定型之前，矫正碎瓷片的黏结位置以防止错位，待黏合剂固化之后撕下胶带纸即可。

2. 灌注黏结法

灌注黏结法指的是把"502"胶灌进陶瓷的冲线和炸纹内。陶瓷的冲线和炸纹不经灌胶处理会有两方面的影响：一是影响陶瓷器物的声音。完整的陶瓷器物敲击起来声音很清脆，一旦出现冲线和炸纹，敲击的声音是沉闷的哑声。二是影响修复器物的烘烤。后期烘烤到100℃以上后，不经灌胶处理的陶瓷器物会沿着冲线和裂纹炸开，扩大损坏面积。基于这两方面的原因，要将器物上的冲线、炸纹灌胶封住，避免陶瓷器物二次损坏。具体操作方法是：先把"502"胶瓶口部剪下去，以便流出胶液。这一步操作要极小心，因为剪断口部，胶液会蹿飞出来，容易喷溅进眼部造成伤害。所以剪的时候，修复师要戴上口罩，脸部扭向一侧，避免伤害的发生。接下来用"502"胶沿着冲线、炸纹灌注，灌注的时候要掌握手感，以免胶液流得到处都是。待胶液干了之后，用壁纸刀片把表面干透多余的胶膜刮除干净。

第五节　配补工艺

在古陶瓷修复中，经常会出现器物破损部位残缺不全的情况，这就需要通过配补来复原短缺部位的原貌。本节介绍如何选择和调制配补材料，并介绍几种配补方法。

1.选择和调制配补材料

选择和调制配补材料，可根据修复需要而定。它既可以是由单一的物质组成的，也可以是由几种物质混合而成的复合材料。

常用的配补材料及其性能如下。

一是石膏粉。石膏粉是文物修复中常用的材料，其色白质细，材料的可塑性好，凝固时间短，施工工艺简单，方便易行。石膏粉加适量清水，搅拌均匀即可使用，此为传统的配补材料，在研究修复中广泛使用。用石膏粉配补有很多优点，如固化后易塑型、易打磨。但它的缺点是固化物的机械强度低，质地脆弱，受潮后容易粉化，不适宜用于商品修复和展览修复。

二是石英粉。石英粉也叫硅微粉，是硅酸盐矿物，化学性能稳定，质地坚硬耐磨，溶于有机物质，不能用水调和凝固。调制方法：石英粉60%，环氧树脂 AAA 超能胶 40%，将二者搅拌均匀即可使用，在固化过程中要防止流动变形。固化后，其黏结力强，质地坚硬，机械强度高，宜用于修补瓷胎坚硬光滑的器物。

图 4-5-1　石英粉

　　三是滑石粉。滑石粉是一种微细无砂性的白色粉末，化学性质稳定，遮盖力好，柔软，吸附力强。调制方法：滑石粉 60%，环氧树脂胶 40%，将二者搅拌均匀即可使用，在固化过程中要防止流动变形。此配补材料固化后，黏结力强，易塑型、易打磨，仿釉涂料对其有较好的附着力，宜用于修补刻花、雕花、加彩的陶瓷器物。

图 4-5-2　滑石粉

四是氧化镁。氧化镁是一种无机物，是镁的氧化物，为白色或灰白色粉末。调制方法：氧化镁 60%，环氧树脂胶 40%，将二者搅拌均匀即可使用，在固化过程中要防止流动变形。此配补材料固化后，料基洁白细腻，硬度高，瓷质感强，可用于陶瓷露胎部位的配补。

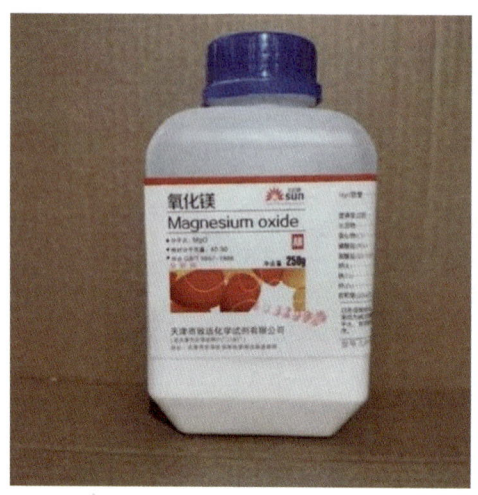

图 4-5-3　氧化镁

五是市面上出售的仿瓷腻子。它是 AB 双组分陶瓷修补剂。其固化后黏结力强，不易裂开，耐水、耐油、耐冷热水浸泡，表面如瓷般光亮，坚硬耐磨，在陶瓷修补中可用于小面积补缺，如填补裂缝、填补坑洞砂眼，作为腻子使用。

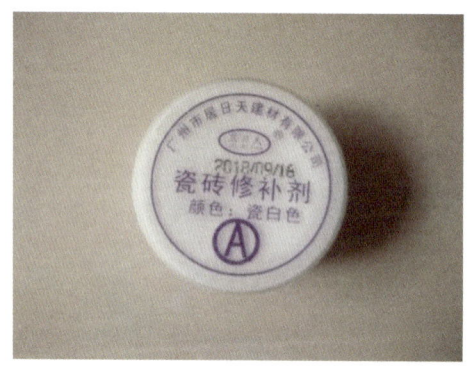

图 4-5-4　仿瓷腻子

2. 配补方法

古陶瓷的配补方法有很多种，最常见的有填补法、模补法。另外，还有陶配陶、瓷配瓷、插接法，这些工艺由于技术难度太大、工艺繁杂，目前业界很少有人采用。下面介绍一下最常见的两种配补方法。

（1）填补法。

填补法就是使用配补材料，直接把器物上的短缺部位填平补齐，这种方法简便易操作，应用广泛。以下几种情况适合采用填补法：①器物上有各种宽裂缝。②有小面积的缺损。③有各种坑洞砂眼及凹缺部位。以填补小面积缺损为例，讲一下操作方法：把环氧树脂胶调配好后，先在断茬口内壁上涂上一层胶液，然后用环氧树脂胶调配滑石粉，石英粉若干组分。将三者搅拌均匀后，用牛角刀或调色棒将配补材料填补到缺损部位。由于胶液具有流动性，配补材料会不断变形，因此需要不断调整形状，直到配补材料固化不流动为止。干燥之后用打磨机或砂布打磨光滑平整。

（2）模补法。

模补法是采取翻模翻制的方法进行配补，这是应用十分广泛的配补方法。以下几种情况缺损的器物，均可采用此方法配补：①大面积缺损，无法用填补法进行配补的器物。②器物上耳、足、把等部位有缺损。

大面积缺损常用打样配补法，其操作方法如下：把80℃左右的热水倒入盆状容器内，将红白打样膏放入热水中使之软化，从水中取出揉搓成片状，再将红白打样膏按压在器物完整的部位取样。为防止取样时红白打样膏与器壁相粘，可以在器壁上涂一层肥皂液或松节油，待红白打样膏硬化后，将其移至缺损部位。填补过程中，要注意防止翻模移动错位，可用胶带纸缠住翻模以防止移位。配补完成后，待配补材料固化后，用热吹风机加热翻模，待其变软后将其取下。

器物上耳、足、把等立体部位缺损的配补方法分为两种情况。一种是如果一件大瓶有两只耳朵，一只完整，另一只缺损，这种情况就可采用打样配补法。用翻模在完整的耳朵上取样，取好后填入配补材料即可。另一种情况是如果两只耳朵都缺损，则采用钢筋骨架定位法。用粗铁丝做个大体的骨架形状，使之固定于相应位置，然后在缺失部分填充配补材料。

小　结

在古陶瓷修复前期的黏结配补工艺中，黏结怎样不错茬是重点和难点。如果黏结错茬，则会造成后期为了找平而修复面积过大，修复后的釉面不平整。为了黏结平整，需要用打磨机对瓷器破损处的断茬面进行打磨处理，但对一些胎体厚、器型大的器物，实际操作起来还是有难度，因此在理论指导下的经验很重要，修复师只有多修多练才能掌握里面的窍门。在配补工艺中，环氧树脂胶可以与多种材料混合使用，读者可根据具体需求选用合适的材料。比如环氧树脂胶加滑石粉，固化后较软，便于打磨修整，适用于一些需要雕刻的器物，但它的缺点是配补后声音不好，敲击起来声音发闷。环氧树脂胶加石英粉，固化后硬度好，机械强度高，敲击的声音较好，但缺点是太坚硬，不好打磨，适用于修复胎质光滑坚硬的器物。

课后作业

1. 古陶瓷表面的沉积物有哪几大类？
2. 虫胶是天然树脂，还是有机合成的？
3. 环氧树脂胶有哪些优点？

第五章　古陶瓷找平、打底色、绘画、仿釉、做旧工艺

古陶瓷找平、打底色、绘画、仿釉、做旧工艺是修复中相对较难的工序，这不仅需要修复师有过硬的美术基础和审美修养，还要对化学材料有一定的应用能力。

第一节　找平

陶瓷器物进行前期清洗、黏结、配补工艺后的下一步工序就是找平。为什么要找平？如果不用颜色和仿釉材料找平，那么修复出来的效果是凹凸不平的，修复部位和完整部位衔接过渡不好，会有接茬痕迹。找平的操作步骤如下：首先调配白底色，把白色油漆色母倒入酒杯类容器中，将丙烯酸树脂中的固化剂和白色油漆色母按 1∶2 的比例混合均匀，接着再倒入适量硝基稀料，将三者混合调匀；然后将油漆色母中的湖蓝色、中黄色、黑色、橘红色这几种颜色添加少量进去，之后用毛笔蘸取调好的颜色涂抹于修复部位，也可用喷笔将白颜色喷于修复部位。接下来配制仿釉涂料，将丙烯酸树脂中的清漆和固化剂按 2∶1 的比例调配好，再倒入适量硝基稀料，将三者搅拌混合均匀，之后用喷笔将调配好的仿釉涂料喷于打好的白底色上。喷涂完毕将器物放入自动恒

温烤箱进行烘烤，温度设定在 100℃—120℃ 之间，烘烤时间在一个半小时左右。烤干后用砂纸打磨光滑平整。

第二节　打底色

这里的打底色是指调配与陶瓷器物釉面相同的颜色，配好后用喷笔喷涂在找平之后的修复部位上。陶瓷器物的釉面颜色有很多种，常见的粉彩瓷器、青花瓷器大部分是白色釉面，还有天青色、豆青色、月白色、灰青色、红色、黑色、绿色、土黄色、紫色等多种颜色釉面。接下来逐一介绍各种釉面颜色的调配方法。先讲一下陶瓷器物白色釉面如何配色，调配方法如下：将白色油漆色母倒入酒杯类容器中，按 2∶1 的比例倒入丙烯酸树脂固化剂，将两者混合均匀，再倒入适量硝基稀料，将三者搅拌混合均匀，之后依次加入少量油漆色母中的湖蓝色、中黄色、黑色、橘红色这几种颜色，将其调配均匀。调好后先用喷笔在器物完整部位试喷一下颜色，观察调配的颜色是否准确，缺哪种颜色就加哪种颜色，直到颜色完全一致。这里有一个配色小技巧，就是用观察颜色冷暖的眼光去调配颜色。一块白色釉面会有几种颜色变化，有的地方偏暖，有的地方偏冷，有的地方是中间色，所以调配白色釉面时要调配出偏暖白色、偏冷白色及介于冷暖之间的中间色三种。用喷笔喷涂时，先喷偏暖白色，再喷中间色，最后喷偏冷白色。

豆青色是古陶瓷中常见的颜色，配色方法和上面讲的调配白色方法一样，只是调配豆青色时湖蓝色和中黄色要多加一些。其他颜色的调配方法和前文讲的一样，只是某种颜色添加的多与少的问题。

配完色的下一步就是喷涂。喷涂时要熟练掌握喷枪的使用方法和技巧，尤其是器物损坏部位和完整部位颜色衔接的地方，喷涂面积越小越好，过渡要自然，不要有色差。

第三节 绘画

古陶瓷上的绘画和中国画中的工笔、写意技法相近,粉彩器物大体上是工笔画技法,青花器物有的是工笔画技法,有的是写意画技法,还有工笔和写意相结合的技法。书法、篆刻艺术在古陶瓷中应用也很广泛。此外还有图案艺术,如二方连续、四方连续、适合纹样等。陶瓷绘画作为中国传统艺术的璀璨分支,是诗、书、画、印与陶瓷工艺的深度交融结晶。

古陶瓷绘画工艺的装饰品种很多,如黑花、青花、斗彩、五彩、古彩、粉彩、浅绛彩等。陶瓷绘画风格受宫廷帝王审美、宫廷绘画艺术及各时代的文人画因素等影响深远。古陶瓷绘画工匠大多来自民间,民间美术是他们的根,这就形成了民间美术、院体画、文人画相互影响的局面,共同提高了艺术审美水平和文化品位。

在陶瓷上绘画,不论是粉彩还是青花,都是在白描的基础上进行填色。下面分两个方面讲一下白描和填色技法。

1. 白描

勾法是陶瓷绘画中最基础的技法之一,指用笔线勾取物象的外廓,此技法也叫描法,是人物画的基本画法,同样也是花鸟画的基本技法。在传统古彩人物花鸟装饰中,白描的手法虽然多种多样,但主要采用的有两种,即铁线描和钉头鼠尾描。

铁线描的线条刚劲有力、粗细均匀、流畅自如,犹如一根铁线,它体现了书法用笔中的遒劲骨力,适合于描绘古彩花鸟中的树干、树枝,人物画中的硬质衣料等。

钉头鼠尾描是中国古代人物衣服褶纹画法之一,其线条起笔及收笔形似钉头与鼠尾,故名。其特点是在起笔时须顿笔,收笔时渐提渐收。

接下来讲一下古陶瓷修复中的线描技巧，先说粉彩器物花鸟人物中的线描。修复中常犯的一个错误技法就是"勾死线"，线条是有轻重、虚实、缓急之分的，这有些像音乐中的节奏变化，时而高亢，时而低沉，时而舒缓，体现了节奏在所有艺术形式中普遍存在。"勾死线"违反了艺术的表现规律，画出来的效果是死板僵硬，与完整部位的绘画风格不能和谐统一。

青花线条的描绘比粉彩线条难很多，青花线条在陶瓷器物上看着好像一条线，其实是一个面。这是因为当时器物在入窑经高温烧制后，所绘青花线条经高温熔化晕染开了。这就好比用毛笔在生宣纸上画线条，由于生宣纸具有高度吸水性，所以一画上去就晕染开了。在修复中打底色用的是白色油漆色母，这种材料质地不等同于生宣纸，青花线条画上去是死板的，无法自然晕染开。这就需要在勾线时一边画，一边把线条的边缘晕染开，同时还要与白底色衔接过渡，画出烧制出来的感觉，这样操作起来难度比较大，修复师需要勤学苦练，认真摸索。

2. 填色技法

填色技法中粉彩和青花有很大不同，先讲一下粉彩瓷器。粉彩瓷器诞生于康熙晚期，绘画粉彩瓷器要用到玻璃白，玻璃白是含铅化合物，为粉彩绘画打底色用的不透明色料，呈不透明白色，多用作花头和人物服装洗染的底色，也可用于配色。在修复绘画中，粉彩绘画和在陶瓷上的绘画步骤一样，先勾线，勾好线后用玻璃白打底，在玻璃白上再层层渲染各种颜色。

接下来讲一下青花的填色技法，青花的典型填色技法就是"青花分水"。其中，分水也叫"分水皴"法，业界的说法是其出现于清代康熙朝，实际上在明末青花瓷上我们就能看到娴熟的分水画法。技法上根据画面的需要将青花料调配出多种浓淡不同的料水，在坯胎上直接作画，就出现了浓淡不同的色调。青花分水如同水墨画的用水，"料分五色"的头浓、二浓、正浓、正淡、影淡，正对应了中国画的"墨分五色"，青花瓷效果的滋润感和宣纸上的笔墨韵味有异曲同工之效。

在修复青花瓷器中，青花填色要借鉴国画中的"三矾五染"，就是反复渲染和皴擦的意思。画的时候，要一边画一边把边缘晕染开，青花颜色要与修复部位的白底色有过渡衔接。但是做到这些还不够，后期仿釉工艺中要在画好的青花纹饰上做气泡，这样就有了烧制出来的效果。

无论是粉彩器物还是青花器物，修复师都要了解各窑口器物的绘画风格和特点。比如，民窑瓷器和官窑瓷器就有很大的区别，民窑瓷器纹饰具有很强的随意性，粗糙，做工不精。官窑瓷器图案纹饰为画院名手绘制，严谨、规范，风格表现出统治者的审美观。修复时，要做到不同的器物有不同的绘画风格，不能千篇一律，修复的精髓就是高度模仿还原，修复的部位要和旁边未损坏部位浑然一体，毫无差别。

"修旧如旧"的理念也体现在绘画上，中外都有很多失败的修复案例，如辽宁朝阳云接寺壁画修复事件可谓十分出名，修复出来的效果色彩鲜艳，浓浓的艳俗风格，毫无古韵。为什么会出现这样的修复效果？其中一个原因就是案例中的修复师不懂"压色"技法。古陶瓷器物有的存世上千年，有的存世几百年，当时出窑后的器物无论是釉色还是绘画，颜色都是鲜艳的，颜色纯度比较高，但经过几百年甚至上千年的岁月侵蚀，当年出窑时的颜色渐渐变得古旧，这就是岁月的痕迹。我们在修复中要注意这一现象，配色时颜色纯度要降一些，方法是用补色的方法降纯度。举例来说，调配青花颜色时要用到群青、黑色、青紫，另外要加一些土黄，加土黄的目的是降青花颜色的纯度，因为土黄色是群青的补色，颜色纯度降下去，才会有古旧感。

第四节　仿釉

古陶瓷釉指的是覆盖在陶瓷表面无色或有色的玻璃质薄层，釉的发明与使用是原始瓷器出现的必备条件。

我国历朝历代陶瓷器涌现了各具时代特色的釉面，以釉色区分进行概括主要有以下几类：白釉瓷器、青釉瓷器、黑釉瓷器、红釉瓷器、蓝釉瓷器、黄釉瓷器、孔雀绿釉瓷器、茄皮紫釉瓷器等。

陶瓷器物表面上的色釉是在特定气氛和高温条件下焙烧而成的。在修复古陶瓷过程中，究竟是"热修"还是"冷修"，一直是古陶瓷文物修复工作者深入研究和探讨的重要课题。

"热修"，即用釉料等材料将器物拼接之后入窑重烧，这种修复方法会损坏器物，会把文物所承载的历史信息和痕迹消除掉，不被文物修复专家采用。基于上述原因，现今古陶瓷修复界大多采用的是"冷修"，即用仿釉材料使修复部位表面呈现出原有的质感和色彩。对仿釉材料的选择，有以下几个方面的要求。

第一，仿釉材料要有较好的附着力，不起皮、不脱落，结合紧密。

第二，要有良好的耐黄变性，耐高温、耐腐蚀性。

第三，仿釉涂层要具有高硬度、高亮度、高流平性。

第四，仿釉涂层要具有瓷质感，就是用有机材料修复出无机材料的效果。

目前，在国内的古陶瓷修复界，使用最广泛的就是丙烯酸树脂仿釉材料，它基本可以满足上述各种要求。

施釉工艺大体有两种操作方法，一种是笔涂，另一种是喷涂。笔涂是传统的手工操作方法，一直延续了很多年。它的优点是修复面积小，操作简单方便。但它的缺点也不少，总结起来有以下几方面缺点：第一，釉面会有笔涂刷痕，与旁边完整釉面有接茬痕迹。第二，无法表现出釉面颜色丰富的层次变化。第三，无法做气泡，做气泡是施釉工艺中关键的一环，因为每件古陶瓷经过高温焙烧后，都会在釉层里形成大小疏密不等的气泡，只有做了气泡，所用的有机材料才能表现出无机材料的瓷质感，很显然，笔涂工艺无法做到这一点。

喷涂工艺在20世纪八九十年代被逐渐广泛应用到古陶瓷修复界，它也同样具有优缺点。它的缺点是修复面积大，操作工艺相对复杂。但它的优点比笔涂工艺要多一些。它的优点体现在以下三个方面：喷涂后的釉面光滑平整，能

第五章　古陶瓷找平、打底色、绘画、仿釉、做旧工艺

与未损坏部位釉层无痕衔接；可以表现出丰富的釉层颜色变化；可以做出大小疏密不同的各种气泡。

究竟选择哪一种施釉工艺，要根据器物的具体情况和修复方的要求而定，修复师要灵活掌握。

施釉工艺具体操作步骤如下。

1. 调制仿釉涂料

仿釉涂料由以下几种材料组成：丙烯酸清漆、固化剂、硝基稀料，将三者按 2∶1∶1.5 的比例在干净的容器中搅拌混合均匀。

2. 施釉

将调配好的仿釉涂料倒入喷笔沙杯中，按动喷笔的按钮掣，使仿釉涂料均匀喷涂在修复部位。这里有一个操作技巧，按动喷笔的按钮掣，悠着点儿劲，半压着按，而不是压到头。如果压到头，会造成喷涂面积过大，釉面容易流挂不均。若半压喷笔按钮掣，会减小喷涂面积，喷出的釉面流平性好。

喷涂完第一遍釉层，接下来就是做气泡，做气泡之前要先调配白色。将白色油漆色母（里面添加少量湖蓝色、中黄色、黑色、橘红色）、固化剂、硝基稀料按 2∶1∶1.5 的比例搅拌混合均匀，然后用喷笔将调配好的白色洒在之前喷涂的仿釉涂层上。这里说的喷洒技法，是把呈颗粒状白色喷洒于仿釉涂层上（喷出来的不能是白色液体），和釉面会发生物理反应而形成大小疏密不等的气泡。这个操作难度很大，要注意手感和力度。若手感掌握不好，喷出来的是白色液状，就形成不了气泡。

接下来调整釉层颜色，观察喷涂之后的修复釉面与旁边完整釉面颜色有什么差别，缺哪种颜色就加哪种颜色，直到最后釉层颜色完全一致。

这道工序之后就是喷涂接口水。为什么要喷涂接口水？因为喷涂完后的釉层边缘会呈"乌突突"的雾状，和未损坏釉面过渡不好，因此需要喷涂接口水把边缘"乌突突"的雾状溶化开，以达到和未损坏部位釉面的光

041

泽无痕衔接。

这里需要注意的是整个施釉过程要快速，有时间限制，因为时间太长的话，喷涂的釉层表面会固化，会造成接口水化不开仿釉涂层边缘的情况。一定要在仿釉涂层表面未固化时用接口水过渡衔接。这时还需要控制室内温度，过高的温度会加速仿釉涂层固化，室内温度要控制在10℃—25℃之间。

施釉工艺完成之后，将修复器物放入自动恒温烤箱烘烤两个小时左右，温度控制在100℃—120℃之间。烘烤干燥之后，整个仿釉工艺基本完成。

随着文物事业的发展、人们欣赏水平的提高，人们对文物修复的要求越来越高。现在采用的仿釉材料不论是机械强度、化学侵蚀性，还是釉面的光泽度、瓷质感等，都无法与原物一致。这些只是目前这个阶段相对来说较合适的材料，它们还有很多缺陷和不足。我们古陶瓷修复界的从业者要大胆尝试引进高科技、新材料至文物修复领域，争取在不久的将来找到更先进的材料替代现有的材料，这个过程任重而道远。

第五节　做旧

古陶瓷文物已有几千年的历史，经过长年累月的风雨侵蚀，自然老化，当年的新瓷器流传到现在会呈现出自然的旧貌，这种"旧貌"体现在两个方面：一是瓷釉光泽"火气"消减。这种"火气"在古玩收藏界也叫"贼光"，当年刚出窑的瓷器釉面有着刺眼的"光头"。随着岁月的流逝，传世的古陶瓷由于空气的氧化，以及"陈设使用"和"把玩"，在瓷器的表面会留下摩擦痕迹和氧化层包浆，这会使火辣辣的"光头"变得温润柔和，有的部位的光泽还变得若有若无。修复完的器物如果不经消光处理，修复部位的釉面会显新显假，没有古旧感。二是出土或水下打捞的古陶瓷器物表面会附有一些土锈、水锈、银釉、可溶盐类等沉积膜。对器物造成损害的沉积膜在清洗工艺中要清除掉，但有些沉积膜要保留，因为这是那段历史的信息和痕迹。在做旧工艺中，

第五章 古陶瓷找平、打底色、绘画、仿釉、做旧工艺

修复师要把这些历史信息和痕迹还原和再现。

做旧的基本方法和步骤如下。

（一）光泽处理

1. 消光法

消光法主要用到两种材料：①滑石粉。对于需要轻度消光的器物，可用软布蘸取滑石粉在修复釉面上反复摩擦去光。②研磨膏。陶瓷釉面失光较严重的器物，可用研磨膏对修复釉面反复研磨消光。

2. 抛光法

这里用到的材料是液体纳米二氧化硅。器物用滑石粉或研磨膏消光之后，用毛笔将液体纳米二氧化硅涂抹到修复釉面上，放置一段时间，用软绸布反复抛打釉面，让这层镀膜液渗透到仿釉涂层里。这道工艺的目的是增加瓷质感。

3. 磨光法

我们观察古陶瓷的釉面，会发现釉面上有或多或少的磨痕。磨痕的仿制是用细砂纸在修复釉面上摩擦、划擦，做出磨痕、划痕，然后用毛笔在磨痕上做一些脏颜色。

4. 蚀光法

蚀光法，指的是对露胎部位的光泽处理。陶瓷器物露胎部位绝大部分是哑光磨砂质地，处理的方法是用喷笔把减光剂喷涂在修复釉面上，此种方法能把光泽全部消掉。

（二）对土锈、水锈、银釉等沉积物的仿制

1. 土锈

古陶瓷器物上的土锈有软质和硬质两种。做软质土锈时可用"扑撒法"，即把丙烯酸树脂在需要做土锈的地方薄薄涂上一层，然后趁湿将黄土"扑撒"

在丙烯酸树脂上。做硬质土锈时要用到"502"胶，即把"502"胶涂抹在修复釉面上，然后趁湿未干时把黄土用"墩拍"法作用于"502"胶上。如果硬质土锈较厚，可做多层。

2. 水锈

古陶瓷器物上的水锈一般呈流挂状或浸润状，这里的浸润状有些像把墨汁滴于生宣纸上所形成的样子。水锈的颜色大部分呈灰白色，少部分呈铁红色或铜绿色。做水锈大致有两种方法：一是把烧水壶中结成的片状水垢碾成粉末，然后把丙烯酸树脂用毛笔涂抹在修复釉面上，趁湿把水垢粉末"扑撒"在丙烯酸树脂上。二是用颜色做水锈，把油漆色母调配成灰白色或其他颜色涂抹于修复釉面上，然后趁湿"墩拍"一些自凝造牙粉在颜色上。做这个的目的是增加水锈的无机质感，因为水锈是没有光泽的，因此要在做好的水锈上喷涂减光剂做蚀光处理。

3. 银釉

在一些古陶瓷器物的表面会有一层银白色金属光泽的物质，尤其是在老窑器物上，这种银釉很常见。做银釉大致用到两种材料，一种是银粉，一种是云母粉。把银粉或云母粉掺加在丙烯酸树脂里，采用笔涂或喷涂的方法将其作用于修复部位上。

小　结

古陶瓷修复后期的绘画步骤是重点、难点，尤其是青花纹饰的烧造质感。陶瓷器物上的青花晕染效果是青花料在烧制过程中产生的"晕散"现象，而修复中画青花纹饰是在油漆色母的质地上画，画出来是生硬死板的，没有那种烧出来自然渗出的感觉。这需要在绘画中注意边缘晕染融合及底层衔接的问题。修复师掌握国画中的"三矾五染""墨分五色"等绘画技法，会对青花绘画很有帮助。

课后作业

1. 怎样理解青花绘画中的"青花分水"?
2. 古陶瓷修复仿釉工艺中气泡怎么做?
3. 古陶瓷修复做旧工艺中,光泽处理有哪几种方法?

第六章　古陶瓷修复实例讲解

第一节　金代磁州窑碗

（一）器物概况

此器物缺损面积达到一半，这种损坏程度已不适宜做展览修复和商品修复，而对其进行研究修复能为考古专家和学者提供较好的实物资料。研究修复是一种较为常见的、不破坏瓷器的修复方式，能真实地反映考古信息，不做过多的干预，属于可逆性修复，可以还原。

图6-1-1　金代磁州窑碗（修复后）

研究修复所用的补缺材料大部分是石膏粉，它色白质细，无毒害，易于塑型打磨，配补操作过程简单明了。

（二）器物修复操作步骤

1. 清洗

此器物外表比较干净，用皂液洗涤法清洗即可。

2. 配补

此磁州窑碗因缺损面积大，不适宜采用小面积补缺的填补法，这里要采用模补法。模补法常用的模具材料有红白打样膏、橡皮泥模、沙模或硅胶模，这件器物将红白打样膏作为模具。

首先把80℃左右的热水倒入盆状容器内，将红白打样膏放入热水中使之软化，从水中取出揉搓成片状，再将红白打样膏按压在大碗未损坏部位。为防止红白打样膏和大碗器壁相粘，可以在器壁上涂一层肥皂液或松节油，待红白打样膏硬化后，将其移至大碗的缺损部位。填补过程中，为防止翻模在移动中错位，可用胶带纸缠绕翻模以防移位。

接下来配制石膏溶液，在一个干净的容器内倒入清水，缓慢加入石膏粉，然后搅拌成均匀的浆状石膏溶液。石膏粉加入量的多少根据具体情况而定，石膏粉加得多一些，凝固时间快，固化物较结实。石膏粉加得少，凝固时间慢，固化物较松脆。

将调配好的石膏溶液缓慢倒入翻制好的打样膏模具中，待石膏凝固后取下模具即可。接下来是打磨修整成型，需要注意的是，在打磨的过程中不要打磨未损坏部位，尤其是在边缘接茬处不得造成对器物的二次损坏。

（三）小结

因为研究修复能真实地反映考古信息，最大限度地保留历史痕迹，所以这种修复方法目前是考古队、文物保护管理所大多采用的修复方式，一些博物馆也会采用这种修复方式。

第二节 唐代邢窑黄釉印花龙纹穿带扁壶

(一)器物概况

唐代邢窑瓷器在中国陶瓷史上占有十分重要的地位。这是一件唐代邢窑黄釉印花龙纹穿带扁壶,该壶高21厘米,口径5厘米,足径14厘米,口、颈、腹、底均呈椭圆形,宽唇扁嘴,束颈,圆形腹,足平,底外撇,外饰一圈略似心形的联珠纹,内饰双龙纹,灰胎,胎底厚重,较粗糙。釉下挂白色化妆土,通体施黄釉,此扁壶应是盛水或盛酒的容器。

图6-2-1 唐代邢窑黄釉印花龙纹穿带扁壶(修复前)

这件器物是笔者为中国邢窑博物馆修复的二级文物,现正在邢窑博物馆展出。该壶送修时用石膏材料配补,因为石膏材料固化后机械强度低、质地松脆、受潮后容易粉化,所以不适合用于博物馆展览修复,需要将石膏材料全部清除。

（二）器物修复操作步骤

1. 清洗

这件器物因为是低温瓷器，所以釉层和胎体结合不紧密。随着岁月流逝，风雨侵蚀，釉面有很多地方剥落，露出胎底。如果清洗过度，会使釉层进一步剥落，造成二次损坏。而且壶身上还有土锈、水锈等沉积膜，这些都是历史的信息和痕迹，要加以保留。基于上述原因，笔者没有清洗这件器物，只是拿干净的湿布简单擦拭。

2. 配补

观察这件器物，它的口、颈、腹部、提梁处都有大面积缺损，这就需要用补缺材料将其整体复原。目前在古陶瓷修复界，大多采用环氧树脂胶加滑石粉或玉石粉等填充料进行配补，这种配补材料固化后机械强度高，黏结牢固，耐高温、耐腐蚀、耐收缩性能好。展览修复、商品修复大多采用此种材料黏结配补。因为这件器物缺损面积大，不适合采用修补小面积的填补法，这里要采用模补法。用红白打样膏翻模配补后，要进行雕刻塑型。这件器物是印花工艺，缺损的部位要按完整的部位雕刻图案纹饰。雕刻塑型时要尊重器物历史原貌，不得主观臆造加以改变。

3. 找平

配补的下一道工序就是找平，如果不进行颜色找平，直接在配补完的修复部位上着色，修复后的釉面会凹凸不平，接茬痕迹明显。这件器物找平的操作方法如下：在一个干净的容器中倒入白色油漆色母，按 2∶1 的比例加入丙烯酸树脂固化剂，再加入适量硝基稀料，将三者搅拌混合均匀，之后再调入湖蓝色、中黄色、黑色、橘红色，将这几种颜色调配成白胎底的颜色，然后用笔涂或喷涂的方法把颜色作用于修复部位。接下来配制仿釉涂料，把丙烯酸树脂清漆、固化剂、硝基稀料三者按 2∶1∶1.5 的比例搅拌混合均匀，之后把调配好的釉料用喷笔喷涂在打好的白底色上。喷涂完毕将器物放入自动恒温烤箱烘烤，烘烤温度设定在100℃—120℃之间，烘烤时间在两个小时左右，烤干后用砂纸打磨光滑平整。

4. 打底色

这件邢窑黄釉扁壶大体有四层颜色，第一层是灰白胎色，第二层是化妆土白色，第三层是姜黄色釉面，第四层是土锈、水锈等沉积膜颜色，修复的上色顺序和此顺序相同。首先调配灰白胎色和化妆土白色的混合色，这种混合色是偏暖白色，用几种油漆色母调好颜色后，用喷笔将颜色均匀喷涂在找平后的修复部位。喷涂时面积越小越好，接茬部位要无痕过渡衔接。

5. 绘画

这件器物的釉层颜色是姜黄色，图案纹饰是印花，因为施釉时釉料流挂不均，所以有的部位颜色深，有的部位颜色浅，有的是中间色。基于这种情况，调配黄釉时要配三种深浅不同的黄颜色。调色方法如下：把丙烯酸树脂清漆、固化剂按2∶1的比例搅拌混合均匀，把油漆色母的中黄色、黑色、橘红色、湖蓝色依次添加进去，调配成深浅不同的三种黄釉颜色。绘画过程采用喷画结合的方法，先用喷笔将浅黄颜色均匀喷涂在白底色上，然后放入烤箱烤干。烤干之后调制黄釉的中间色，这个步骤最好用笔涂法，笔涂法不仅能表现出丰富的颜色变化，还能形成一些"筋络"。接下来调制深黄颜色，这层颜色在器物印花图案纹饰的凹槽处，这层颜色用笔涂法效果更好。

6. 施釉

绘画的下一步工序就是施釉。首先调配仿釉材料，把丙烯酸树脂清漆、固化剂、硝基稀料三者按2∶1∶1.5的比例搅拌混合均匀，用喷笔将配好的仿釉涂料喷涂在修复部位。喷涂的过程中要随时调整颜色，缺什么颜色就加什么颜色，直到仿釉颜色和器物未损坏部位颜色完全一致为止。

7. 做旧

这件器物的做旧有两道工序,第一道工序是消光。这件器物为半哑光,有磨砂质地。先用丙烯酸树脂添加自凝造牙粉,混合后涂在仿釉层上。然后把减光剂喷涂在仿釉涂层上。喷减光剂不是全面喷,而是有的地方喷上,有的地方留着不喷,因为器物的釉面有的部位有光泽,有的部位蚀光,所以消光要按这个规则来操作。第二道工序是制作"剥釉"效果,因为这件器物未损坏部位存在"剥釉"现象。为了呈现统一协调的外观,需要在修复部位制作"剥釉"现象。用锋利的壁纸刀片在若干部位上以未损坏部位的"剥釉"作模板,剔除部分釉面,露出下层白胎底色。

8. 口沿露胎处修复工艺

这件器物口沿部位没有施釉,是露胎的,把几种颜色的油漆色母调配成暖白色,用喷笔将暖白色喷到口沿部位。接下来将丙烯酸树脂加氧化镁、自凝造牙粉搅拌混合均匀,用毛笔将配料涂于白底色上。然后放入烤箱烤干,烤干后用砂纸打磨光滑平整,再做一些脏颜色上去,最后喷涂减光剂消光。

图 6-2-2 唐代邢窑黄釉印花龙纹穿带扁壶(修复后,邢窑博物馆藏)

(三)小结

这件邢窑黄釉扁壶现正在邢窑博物馆展出,还原和再现了那段历史。很多博物馆内的藏品虽然看着"破旧",但都是修复过的,而且会定期维护。文物保护修复其实也是一种干预,我们在修复前需要对文物价值进行整理和判断。试图保存文物的所有价值是不可能的,一旦干预,就意味着某些信息会丢失,而不干预,则会加速文物所有信息的丢失。文物修复师其实也是文物的解读者,把文物修复到什么程度,有些表面痕迹是否去除,实际上都体现了文物修复师的理解及想要传达给观者的信息。

第三节 清代光绪外粉彩缠枝莲内青花三阳开泰撇口碗

(一)器物概况

这是一件清朝光绪年代官窑碗。外绘水波莲花纹样,纹样色彩雅致,饱和度高。内绘三阳开泰画面,旁边利用花枝悬挂各种杂宝:有石榴,代表多子;有如意,旁有柿子,代表着"事事如意";有鱼,代表着"连年有余"。青花颜色富有层次,每根线条里有丰富的色阶。器物造型周正,底部釉子非常肥厚,胎比较坚实。

这件器物品相不完整,人为碰撞的原因造成了破碎,碎瓷片大小有七块,还有两道炸纹。一位收藏家拿来修复,要求是商品修复,也就是无痕修复,器物修复后要送到拍卖会上拍。商品修复是几种修复类型中最难的一种修复方式,它要求外观要做到肉眼不能识别,有的还要求能通过强光手电、放大镜、紫光灯等各种仪器的鉴别。

第六章 古陶瓷修复实例讲解

图6-3-1 清代光绪外粉彩缠枝莲内青花三阳开泰撇口碗(修复前)

(二)器物修复操作步骤

1. 清洗

这件器物是清朝光绪年间出产,传世时间并不长,保存环境相对较好,所以器物外表很干净,没有土锈、水锈等沉积膜。基于这种情况,清洗环节就比较简单,用皂液洗涤法。在一个盆状容器中装入清水,再添加适量的洗涤液,用刷子蘸水对器物进行刷洗,刷洗时注意断茬处要清洗干净,否则会影响后期黏结牢度。

2. 黏结

这件小碗破碎了七小块,如果不经任何处理,直接黏结肯定会出现错茬。黏结材料要用到环氧树脂胶,胶液涂上后体积会增大,这就造成了瓷片之间出现错茬。解决的办法是用小型打磨机沿破碎瓷片的茬口处打磨"削肉","削肉"处理之后黏结就会非常平整光滑,不会出现错茬。具体黏结步骤如下:把七块碎瓷片按纹饰、断茬折痕拼接在一起,用环氧树脂胶进行黏结,胶液未固化时黏结的瓷片会不断变形移位，这里用胶带纸缠一下防止移位。器物上的损伤还有两道炸纹，炸纹的黏结是用"502"瞬干胶灌入封口。为什么要灌胶封口？如果不这么处理，后期烘烤器物会沿着炸纹裂开，对器物造成二次损坏。灌胶封口还有一个好处是解决声音的问题。完整瓷器，敲击的声音是清脆的。瓷器上如果有裂纹，敲击的声音是沉闷的哑声，而灌胶封口后敲击的声音就是清脆的。

3. 找平

小碗黏结完的下一步就是用颜色找平。这件小碗因碎瓷片多，所以一遍找平效果不太理想，需要两遍找平。

4. 打底色

找平之后用喷笔把调配好的白底色喷涂到修复部位上，观察小碗的白釉面颜色。粗略看其是一种白色，其实大体是三种白色：一种是偏暖偏浅白色，一种是偏冷偏深白色，一种是介于它们之间的中间色。喷白底色时要做出这三种颜色，喷好之后放入烤箱烤干。

5. 绘画

这件小碗内绘青花纹饰，外绘粉彩纹饰。青花的线条看似一条线，其实是一个面，因为当时焙烧出窑时，青花釉料在高温的作用下熔化了，所以"线"就熔成了"面"。在修复部位白底色上画青花纹饰难度很大，因为白底色质地是油漆色母，青花颜色画上去不能自然晕染开，看着很死板僵硬，所以在画青花颜色时要一边画一边把边缘晕染开。这里要用到"青花分水"技法，大部分的青花瓷填色时都采用"青花分水"技法，它类似于国画中的"三矾五染""墨分五色"等国画技法。青花填色之后，要和修复部位上喷涂的白底色自然过渡衔接。

接下来讲一下小碗外绘粉彩技法，粉彩绘画比青花绘画简单一些。首先用铅笔勾线起稿，然后用丙烯酸树脂调配各种颜色把纹饰画上去，最后用黑色勾线定型。

6. 施釉

小碗外部粉彩是釉上彩，所以绘画工序之后，直接上一遍仿釉涂料就行了。小碗内部是青花釉下彩，要施两遍仿釉涂料。具体操作步骤如下：用喷笔把调配好的仿釉涂料喷涂在修复部位上，然后放入烤箱烤干，烤干之后用砂纸打磨，打磨是把画的青花纹饰"凸"起打磨成光滑平面。打磨完毕再喷第二遍仿釉涂料，这道工序之后就形成青花釉下彩了。

7. 消光做旧

古陶瓷的釉面由于自然界各种物质的侵蚀，当年刚出窑时火辣辣的"贼光"变得温润柔和，呈现出一种自然旧貌。我们刚喷涂的仿釉涂层也有着刺眼的"光头"。为了实现"修旧如旧"的效果，修复师要把"光头"消下去。这件小碗的消光是用软布蘸取滑石粉在仿釉涂层上反复研磨，研磨之后用液体纳米二氧化硅抛光，抛光之后用砂纸在仿釉涂层上做一些轻微细小划痕。

图6-3-2 清代光绪外粉彩缠枝莲内青花三阳开泰撇口碗（修复后）

（三）小结

这件清光绪官窑小碗修复完成后，收藏家拿到拍卖会上拍卖，最后成交价为3.8万，作为商品修复它无疑是成功修复案例。修复过的器物能否拍卖成功，取决于修复质量和效果。如果外观做到肉眼不能识别，就容易拍卖掉；如果外观效果修复痕迹明显，则很难拍出。买家拍的藏品大体上有两种用途：一是转卖获得经济效益，二是收藏观赏。如果修复效果太差，那这两种用途就都没有意义了。

第四节　宋代定窑白瓷狮子

（一）器物概况

定窑是中国传统制瓷工艺中的珍品，宋代六大窑系之一，它是继唐代的邢窑白瓷之后兴起的一大瓷窑体系。这件北宋定窑白瓷狮子，昂首，圆眼，蹲于底座上，给人以威武霸气之感。通体施白釉，胎骨坚白、造型精美，不失为一件定窑精品佳作。

图6-4-1　宋代定窑白瓷狮子（修复前）

这件器物为出土器物，残损面积大，狮鼻、狮嘴、下颌均缺失，底座和狮身上布满大量的土锈、水锈、盐类等沉积膜。

（二）器物修复操作步骤

1. 清洗

这件器物缺损的茬口处，狮身、底座上覆盖了厚厚的土锈、水锈和一些盐类物质。茬口处的污垢、沉积膜要清除干净，否则后期配补时无法黏结牢固。狮身、底座上的沉积膜要保留，因为它是历史的信息和痕迹。茬口处的硬质污垢，要用刀锥等尖利工具将其剔除，然后用硬铜刷蘸取皂液水将残余污垢刷洗干净。狮身和底座用干净的湿布擦拭即可，若过度清洗会造成二次损坏。

2. 配补

这件器物狮鼻、狮嘴、下颌均缺失，需要用补缺材料将其整体还原。在配补前，修复师要查阅定窑器物的相关知识，每个朝代每个窑口狮子的造型都是有差别的，要彻底弄清这件器物在当时的造型，要尊重历史原貌，决不可主观臆造加以改变。

配补的材料是用环氧树脂胶加滑石粉、玉石粉搅拌均匀，配补在狮鼻、狮口、下颌处。配补材料在固化七八分时，用壁纸刀片修整成大致面貌。为什么要在配补材料七八分干燥时调整大轮廓呢？因为这时配补材料将干未干透时，用刀片切割调整省劲容易；如果配补材料彻底干透，固化物非常结实坚硬，则不好打磨塑型。

调整好大轮廓，下一步就是雕塑造型。这件白瓷狮子鼻孔、牙齿、胡须轮廓清晰，造型生动。雕塑的三种创制方法是：塑、雕、刻。塑是做加法，是通过堆增可塑性物质材料来达到艺术创造的目的。雕和刻是做减法，就是减少可雕性物质材料。采用这三种雕塑方法完成这件器物的配补。

图6-4-2　宋代定窑白瓷狮子（修复中）

3. 找平

这件器物找平要比其他器物有难度，没有多少平面，都坑坑洼洼、沟沟壑壑。修复师要用砂纸在局部细节精雕细磨，要有耐心。

4. 打底色

这件白釉狮子的底色是象牙白，有深、浅、中间色三种颜色。先用最浅的象牙白全部喷涂一遍；然后喷涂中间色，喷涂时有的地方喷，有的地方不喷，留底色；最后局部喷涂最深象牙白。喷涂时注意三种颜色的衔接过渡。

5. 绘画

这件器物上面没有图案纹饰，但绘画也有两个步骤：一是这件白瓷狮子鼻孔内、牙缝内、胡须根茎间等凹槽处是青釉颜色，就需要用毛笔把青釉颜色画到凹槽里。二是画脏颜色。古陶瓷经过千百年的自然侵蚀，有些脏颜色会附着在器表或渗透进釉层，为了实现"修旧如旧"的外观，要把这些脏颜色适当做上去。脏颜色的配色方法：用丙烯酸树脂添加土黄色、黑色、橘红色、湖蓝色这几种颜色调配，调配完后用毛笔采用描、抹、墩、拍、擦、揉、点、蹭等多种手法做出自然效果。

6. 施釉

用喷笔将调配好的仿釉涂料喷涂在修复部位，喷涂过程中做出大小疏密不等的气泡，施釉完毕放入自动恒温烤箱烤干。

7. 消光做旧

这件器物的消光做旧分两个步骤：第一步是消光。用软布蘸取滑石粉在仿釉涂层上反复研磨，之后用液体纳米二氧化硅抛光，抛光完毕用砂纸在仿釉涂层上做出一些磨痕、划痕。第二步是在修复完的釉面上做土锈、水锈等沉积膜。这里做的沉积膜是点状、分散的，而没有大面积聚集，要做得恰到好处，既做到位又不"过"。

（三）小结

这件北宋定窑白釉狮子器身上布满了大量的土锈、水锈等沉积膜。长期以来对文物表面污染物的清除，是一个非常敏感的问题，存在着很大的争议。大体上有两种观点：一种观点是一概否定的态度。他们认为把文物清洗得干干净净，洗掉的是历史文化的"包浆"，这是文物经过千百年沧桑历史的演变，在表面形成的氧化层，也是文物的保护层，不能轻易破坏它。而且这些污染物在地下埋藏过程中，在长期的流传过程中会附加各种地域、地层的历史信息，这些也是全面揭示文物价值所需要的信息。另外，过度清除沉积物，会让文物失去古旧感和历史沧桑感。另一种观点是如果不清除文物上的盐类、碱类卤化物等沉积膜，这些污染物会氧化腐蚀文物，造成文物破坏。举个"海捞瓷"例子，"海捞瓷"是出水文物。陶瓷器物长期浸泡在海水中，表面和内部会浸入大量可溶盐，这些器物打捞出水后，在短时间内没有大的变化,但几年后,器物表面就会泛白、粗糙,釉面彩绘成片脱落,器物内部会酥解破裂,这就是可溶盐对陶瓷器物造成的损害,必须进行脱盐处理。如果这时还是坚持不得改变文物历史原貌的态度,就会影响文物价值持久、文物安全保护。

笔者认为,每件文物的情况各不相同,要根据具体情况具体对待,不能用单一的观点、论调、方法去处理每一件文物。如果有的污染物不会对文物造成破坏,那就不用清除,应予以保留,最大限度地保存历史信息和痕迹。如果有的污染物会对文物造成氧化腐蚀,威胁文物的安全,就要清除掉。总而言之,文物的保护是放在第一位的。

图6-4-3 宋代定窑白瓷狮子(修复后)

第五节 清代乾隆粉彩群仙祝寿图瓷板

(一) 器物概况

粉彩亦称软彩,是在古彩基础上用国画技法发展而成的低温釉上彩。从施彩的方法看,粉彩在素胎白瓷上勾出图案的轮廓,然后在轮廓内填上一层玻璃白,再在玻璃白上堆填色料,用干净的毛笔轻轻地将颜色洗染成深浅不同的层次,这种技法相当于中国画中的晕染画法。由于玻璃白对彩料有粉化和乳浊作用,彩绘颜色粉润柔和,画面细腻工整,形象生动逼真,并有浮雕之感。粉彩初创于康熙晚期,盛烧于雍正、乾隆时期,并且成为清代瓷业生产的一个主要品种。

图6-5-1 清代乾隆粉彩群仙祝寿图瓷板(修复前)

瓷板画是指在平素瓷板上使用特殊的化工颜料手工绘画、上釉，再经高温烧制而成的一种平面陶瓷工艺品。瓷板画可装裱，或嵌入屏风中，作为观赏用。瓷板画最早可追溯到秦汉时期，而真正意义上的瓷板画则出现在明代中期，从清代中期开始，瓷板画的发展走向兴盛。

这块清代乾隆粉彩群仙祝寿图瓷板，绘粉彩八仙祝寿迎客纹饰。"八仙"一般是指铁拐李、汉钟离、张果老、蓝采和、何仙姑、吕洞宾、韩湘子、曹国舅这八位神仙人物。民间传说中，八仙分别代表着男、女、老、少、富、贵、贫、贱，由于八仙均为凡人得道，所以与百姓较为接近，为道教中相当重要的神仙代表。八仙所持的八件法器为"八宝"，代表八仙之品。这块粉彩瓷板颜色鲜亮柔和，黑彩勾勒线条流畅纤细，八仙人物喜形于色，或呼朋引伴，或谈笑风生，生动自然，八仙鲜明的人物性格跃然而出。

这块瓷板损坏严重，破碎后有十几块，还有一小块缺损。器物之前黏结过，但黏结效果不佳，错茬严重，需拆解重新黏结。

（二）器物修复操作步骤

1. 拆解

拆解大体有两种方法，一种是加热法，一种是有机溶剂浸泡法。有机溶剂浸泡法操作有一定危险性，修复师会接触有毒有害的化学材料，操作方法烦琐，一般不建议使用这种方法。加热法是拆解时用到的主要方法，原理是将胶黏剂加热，胶黏剂加热变软时用手掰可使其断开。

加热法一般有两种操作方法：一是热水浸泡法。将器物放入滚烫的开水中浸泡一段时间，趁热拿出，用手握住两边掰断。二是烘烤法。将器物放入烤箱加热或用热吹风机局部加热，趁胶黏剂遇热软化时，用手握住残器两边掰之使其断开。这块瓷板采用的是热吹风机局部加热拆解法，选用功率较大、热度高的工业用品种，吹头发的小型吹风机不适用。

2. 清洗

把瓷板拆解后，用小刀等尖利工具把附着在瓷片茬口处的陈旧黏合剂刮除干净，然后用皂液洗涤法将器物清洗干净。

3. 黏结

这块瓷板黏结之前要将碎瓷片进行削"肉"处理，削完"肉"的下一道工序就是拼接。瓷板破碎有十多块，要根据画面构图和碎瓷片断折关系，把它们准确地拼接在一起，拼接之后用环氧树脂黏合剂把它们黏结起来。

4. 找平

这块瓷板破碎严重，至少需要两遍找平工序才能基本找平。找平的次数没有限制，以彻底平整圆润过渡为准。

5. 打底色

因为要在白底色上绘画，覆盖得越多，画得就越多。画工再高超，也不如原器物画面，所以要尽量保留原有纹饰。若实在避不开，就以喷涂最小面积为准。

6. 绘画

这块瓷板用笔、用线遒劲，似传统线描法中的高古游丝描、铁线描一类。八仙人物脸部刻画细腻，讲究明暗变化，有西方绘画中的素描关系和光影变化。晕染手法独特，立体感强，且八仙人物画背景为青郁林木、野卉山花，墨黑、草绿、翠绿、深绿等颜色层次明显，笔法一丝不苟。

对于粉彩器物的烧制，一般烧三次，先将胎和釉一次烧成，再烧玻璃白，然后上彩料，最后再次入窑烧造。修复时应当遵循这个步骤：喷完白底色后，先用铅笔画个轮廓线的草稿，然后上第一遍玻璃白。配玻璃白就是用丙烯酸树脂加入白色油漆色母混合均匀，然后用毛笔将玻璃白填入轮廓线中。填完玻璃白烤干，烤干之后用毛笔在玻璃白上画粉彩纹饰。粉彩颜色有20多种，调配的颜色一定要与器物颜色一致。若颜色出现偏差，接茬部位就过渡不好，有修复痕迹。

7. 做脏颜色

这块瓷板上局部有一些脏颜色。先调配出脏颜色，然后拿毛笔用描、墩、拍、抹、揉、蹭、擦、点等多种手法做出自然旧貌。

8. 施釉

用喷笔将仿釉涂料喷涂在修复部位，喷涂过程中做出大小疏密不等的气泡，施釉完毕放入自动恒温烤箱烤干。

9. 消光做旧

用软布蘸取滑石粉在仿釉涂层上反复研磨消光，之后用液体纳米二氧化硅抛光，抛光完毕后用砂纸在仿釉涂层上做出一些磨痕、划痕。

（三）小结

这件清代乾隆粉彩群仙祝寿图瓷板是嵌入木框里的。木框的材质是老木头，因为年代久远，有些老木头已经酥解了。当时拆解时因为缺乏经验，拆解方法不对，造成几块老木头断折脱屑，后将木框修复完整。

图6-5-2 清代乾隆粉彩群仙祝寿图瓷板（修复后）

图6-5-3 清代乾隆粉彩群仙祝寿图瓷板（装框后）

第六节　宋代磁州窑白地黑花花卉纹梅瓶

（一）器物概况

磁州窑是中国陶瓷史上的重要窑口之一，以其独特的白地黑花装饰技法闻名，也是著名的民间瓷窑。磁州窑创烧于北宋中期，并达到鼎盛，南宋至元、明、清时期仍有延续。磁州窑以生产白釉黑彩瓷器著称，装饰效果类似中国传统的水墨画。磁州窑最基本的特征，是在白度不高且比较粗糙的胎体上施一层化妆土，以达到粗瓷细作的效果，再在这层化妆土上施用各种装饰手法，由此形成了磁州窑特有的风格。

图6-6-1　宋代磁州窑白地黑花花卉纹梅瓶（修复前）

梅瓶小口、翻唇、短颈，颈肩之间形成近90度的硬折角，瓶腹鼓圆、腹颈瘦长，形成一种体态秀美的造型。

这件宋代磁州窑白地黑花花卉纹梅瓶，短颈、溜肩、瘦长腹、圈足，通体绘有黑彩纹饰。上部绘莲花纹，下部绘牡丹纹，各层纹饰之间以弦纹相隔。胎质坚密，白色泛灰，施白釉，造型端庄古朴，绘画生动秀丽，具有浓厚的民间图案风格，是北宋磁州窑的典型作品。

这件梅瓶整个口部缺失，因此另配了一个与器身相同窑口、造型、质地的施黑釉口部，修复的目的是让这二者无痕拼接。此种做法在古玩行里俗称"接口"。

（二）器物修复操作步骤

1. 清洗

这件梅瓶外表很干净，没有土锈、水锈、盐类等沉积膜。基于这种情况，清洗就比较简单，就是用皂液洗涤法。

2. 拼接

这件梅瓶接口是后接口，要把补配的口部和器身无痕拼接在一起。拼接前要量好梅瓶颈部的长度，长短要刚刚好。若过长或过短，整个造型就不协调了。

3. 找平

这件器物因为是后接口，瓶颈和另配的瓶口厚薄不一致，黏结时多少有些错茬情况。在用颜色找平时，釉层要覆盖得厚一些，这样接茬部位才能平整，圆润过渡。

4. 打底色

这件梅瓶打底色的方法和一般器物打底色的方法有所区别，器物颈部是类似于胎底的质地，是磨砂亚光质地。所以在喷好白底色后，用丙烯酸树脂调配氧化镁和自凝造牙粉，将三者混合均匀，用毛笔平涂在白底色上，之后烤干，然后用砂纸打磨光滑平整。

5. 绘画

这件梅瓶颈部绘有几片花叶，用笔简练，线条明快，图案结构自由。花叶的颜色是黑色，画的时候注意两点：一是黑颜色看着好像是平涂一个色调，但其实最少要画出黑白灰三种色调，还要有虚实浓淡变化，因此切忌画成一片"死"黑。二是要懂得运用"压色"法体现"修旧如旧"的效果。什么是"压色"？这里的"压色"指的是用补色降低颜色的纯度。古陶瓷经过几百年甚至上千年的岁月侵蚀，当年刚出窑时的"艳"色会变成"灰"色，就是颜色的纯度下降了，也就有了古朴的自然旧貌。降低颜色纯度的方法是用补色的方法，如黑色的补色就是白色。以这件梅瓶为例，调配花叶黑色时要加一些白色，让颜色发"灰"，这样画上去就会有岁月的痕迹，有古朴感。

6. 做脏颜色

把油漆色母的土黄色、黑色、橘红色、湖蓝色、青紫色这五种颜色依次添加进丙烯酸树脂中，调配成类似于黑褐色的脏颜色，用毛笔将脏颜色适当地作用于修复部位。要做得刚刚好，若脏颜色做的不够，就没有自然旧貌；若做"过"了，就会显得很脏，有此地无银三百两的感觉。

7. 施釉

用喷笔将仿釉涂料均匀地喷涂在修复部位，因为磁州窑是薄釉，因此上釉也是薄薄地喷上一层。喷涂的过程中要适当地做一些气泡，施釉完毕放入自动恒温烤箱烤干。

8. 消光做旧

这件梅瓶颈部的质地是磨砂哑光，光靠用布蘸取滑石粉研磨是消不去光的，这里要用到减光剂。减光剂消光效果非常好，能把光泽全部消下去。用丙烯酸树脂调配减光剂，用喷笔喷涂在仿釉涂层上，最后用砂纸做一些磨痕、划痕。

（三）小结

这件磁州窑梅瓶接口的位置在瓶颈，古人在设计瓶颈长短尺寸时是遵循物理学、审美学的。接口长短差之分毫，整体造型就会看着别扭，不伦不类。所以接口要做到分毫不差、天衣无缝、浑然一体。

图6-6-2　宋代磁州窑白地黑花花卉纹梅瓶（修复后）

第七节　唐代黑釉双系执壶

（一）器物概况

有诗曰："一抹黑晕，蕴藏千年繁华；一壶浊酒，道尽世间冷暖。"这几句优雅的古诗勾勒出黑釉酒壶的前世今生。黑色，中国的正统色之一，东汉许慎《说文解字》记："黑，火所熏之色也。"中华民族对于黑色的审美已经达到了精神崇尚的境界。黑釉瓷器简称黑瓷，是古今最大众化的一种日用瓷器。黑瓷虽不及"南青北白"两大瓷窑系统的影响力，但在中国陶瓷发展史上也有一定的地位。

图6-7-1　唐代黑釉双系执壶（修复前）

执壶是唐代中期出现的一种盛酒器。据唐人记载，执壶的正式名称应称作"注子"，也叫"偏提"。

这件唐代黑釉双系执壶，小喇叭口，短颈，圆腹上鼓，褐胎黑釉。口部施釉不均，胎体厚重，胎骨坚硬。由于年代久远、保存环境和日常使用等因素，壶身上布满水锈和牛毛纹。水锈是一种灰白色的沉积物，它的主要成分是碳酸钙、碳酸镁等盐类物质，有些还杂有氧化铁或碳酸铜等物质，它多呈水痕状附着在器物的表面和胎体上。牛毛纹是指瓷器烧成后釉面受外力作用，人为或被自然力碰撞所产生而留在瓷器表面釉上的细小长条痕迹，细小的划痕如牛毛似的纤细微小。牛毛纹的走向不是同一个方向，而是杂乱的走向，上下、左右、曲斜直都有，并且重叠出现。

这件唐代黑釉双系执壶口部缺损将近二分之一，壶嘴全部缺失。

（二）器物修复操作步骤

1. 清洗

这件器物外表相对干净，壶身上有一些水锈、土锈等沉积膜，这些都是历史信息和痕迹，要予以保留。清洗时采用皂液洗涤法，此种方法既能清洗得很干净，又不损伤器物。

2. 配补

这件器物口部缺损面积比较大，所以采用红白打样膏翻模配补。这里重点讲一下壶嘴的配补，因为壶嘴没有对应物，所以没办法用翻模配补。这里采用填补法。环氧树脂胶加滑石粉、玉石粉，将三者搅拌均匀后，揉搓成团状，放置一个小时左右，配补材料稍硬一点儿后，将其填补到壶嘴处。因为胶液具有流动性，配补材料会不停地流动变形，这就需要不停地矫正形状。在配补材料固化到七八分时，用细棍类工具在中间捅出壶嘴内壁形状。为什么要在配补材料固化到七八分时捅出壶嘴内壁？因为七八分是将干未干时，这时配补材料还是软的，容易雕塑成型。如果等到完全固化后，固化物会非常坚硬，那时再雕琢壶嘴内壁会很困难。

3. 找平

这件器物胎质粗糙，壶的口沿还有剥釉，所以找平不像其他器物那样越平整光滑越好。找平时，整体大致找平即可，细节做得粗糙一些，尤其口沿处做一些凹坑、锉痕。

4. 打底色

这件黑釉执壶里外四层颜色，依次为：白胎颜色、褐底颜色、黑釉颜色及水锈等沉积膜颜色。作色时也要按这个步骤。这件器物的底色，第一层是白胎颜色，第二层是褐底颜色。

用喷笔把调配好的白胎颜色喷涂在修复部位，然后调配褐底颜色，用喷笔把褐底颜色喷涂到第一遍白胎颜色上。这里要注意的是，喷涂褐底颜色时有的地方要覆盖住白胎颜色，有些地方半覆盖，若隐若现的，有些地方不喷，留白胎颜色。

5. 做黑釉

用丙烯酸树脂调配黑色油漆色母，用喷枪将其喷涂到修复部位。喷涂时不是把底色全覆盖住，底色是棕黄色褐底，喷黑釉时有些部位把棕黄色全盖住，有些部位"半遮半掩"，有些部位棕黄色褐底全部露出，这就是原色、复色、兼色的用色技巧。

6. 绘画

这件器物没有纹饰，所以不需要画纹饰，这里的绘画指的是画水锈和脏颜色。画水锈要画两层，一层在釉内，一层在釉外。用丙烯酸树脂加油漆色母调配出灰白色，用勾线毛笔将灰白色呈水痕状画在修复部位，然后再适当画一些脏颜色。

7. 施釉

用喷笔把调配好的仿釉涂料喷涂到修复部位，喷完后用勾线毛笔趁釉层湿润未干时，拉出牛毛纹形状和肌理。

8. 做旧

这里的做旧指的是做第二层水锈，在干燥后的仿釉涂层上再做一遍水锈。这层水锈里添加一些自凝造牙粉，目的是做出盐类物质那种无机质感。器物釉层有些部位因摩擦而造成釉层内气泡破裂，会形成很多小针眼，小针眼上又会沉积灰白色水锈，所以还要在上面做一些小白点。

9. 消光

由于有的部位釉面很亮，有的部位光泽若隐若现，有的部位完全失光，所以这件器物的消光分为三个步骤。对于釉面莹润的部位，用软布蘸取滑石粉反复研磨消光，然后用液体纳米二氧化硅抛光。对于釉面光泽浅淡的部分，就用细砂纸打磨。对于完全失光的釉面，用丙烯酸树脂调配减光剂，再用笔涂或喷涂的方法作用于仿釉涂层上，这样光泽就能完全消下去。

（三）小结

唐代黑瓷的特点是胎体较厚、坚固耐用、造型粗犷雄放，在敦实中突出其阳刚之美。黑釉滋厚，釉光温润含蓄、庄重典雅，体现了大唐时代深厚的文化底蕴。每一件文物和人一样都是有气质的，修复的最高境界就是把文物的气质内涵表现出来，而不是流于表面的、肤浅的、没有"生命""灵魂"的模仿。

图6-7-2　唐代黑釉双系执壶（修复后）

第八节 明代素三彩贴花双耳炉

(一) 器物概况

素三彩是在未上釉的素胎上施以绿、黄、茄皮紫等三色烧成。明代素三彩是在唐宋三彩的基础上发展而来的。

图 6-8-1 明代素三彩贴花双耳炉（修复前）

香炉是香道必备的器具，香炉是中国传统民俗、宗教、祭祀活动中必不可少的供具。

这件明代素三彩贴花双耳炉，其炉口为长方形，直口下内收呈台状，釉面温润晶莹、宝光四溢。器型典雅高贵，大弧度的线条令器物更具气势。这件器物一只耳朵全部缺损，其他部位保存完整。

（二）器物修复操作步骤

1. 清洗

明代素三彩瓷器是低温瓷器，这件器物内壁附着一些盐类沉积膜。低温瓷器胎体质地比较疏松，有不少孔隙，盐类物质容易侵入器物内部，造成器物内部结构发生改变，产生酥解，所以要经过脱盐处理。这件器物采用蒸馏水浸泡除盐法，将双耳炉放在蒸馏水中浸泡，两三天换一次水，浸泡三四次后取出晾干即可。

2. 配补

这件器物一耳完整，一耳缺损，这种情况适合用红白打样膏翻模配补。这里需要注意的是，如果只用环氧树脂胶加滑石粉、玉石粉作为配补材料，那么固化后敲击的声音就会没有瓷器敲击的悦耳清脆声，会发出沉闷的哑声。所以在配补材料里要加入碎瓷块，尽量做到"瓷配瓷"，这样不但会改变敲击的声音，还会增加配补材料的硬度、耐腐蚀性、耐收缩性。加入碎瓷块配补，好处很多，美中不足的是技术要求高，稍不注意碎瓷块就会凸出来，一旦凸出来，削平会很费劲。

3. 找平

这件器物是先民手工制作的，所以器物表面平整度上不像现代机器生产那么平整规范。有些地方会有凹坑，有些地方会有棱形凸起，有些地方会有明显的筋络，这些看似"缺陷"，其实反而是这些"缺陷"让器物活起来，很生动，不那么死板僵化，这是现代机器生产做不出来的感觉。我们在找平的时候要做出以上的效果，凹坑、刀痕、筋络都要做出来，找平时不能如同镜面一样平整光滑。

4. 打底色

这件器物的底色是灰白色，用喷笔把调配好的灰白色喷涂到修复部位即可。

5. 绘画

这件器物的耳朵是通体施绿釉，这种绿釉颜色是孔雀绿，绿色晶莹青翠。整个耳部绿釉大致有四层颜色，依次为：浅绿、中间绿、深绿、"凹槽绿"。前三种绿，大家看字面意思就能理解，但是这个"凹槽绿"指的是什么？仔细观察器物耳部，在做胎子时就留有深沟、刀痕、凹坑，施釉时，釉料堆积在凹槽里，这样就形成了比深绿色还要深的"凹槽绿"。

这件器物耳朵的着色采取喷画结合的方式，先喷涂一遍浅绿，喷完后趁湿用勾线毛笔蘸着硝基稀料析出"筋络"。第二遍喷涂中间绿，中间绿不是全覆盖，有的地方喷，有的地方不喷。第三遍上深绿，这个深绿要用毛笔画上去，因为有色阶，喷涂做不好色阶，所以要用毛笔画的方法做色阶。最后上"凹槽绿"，"凹槽绿"也必须用毛笔画上去，画的时候要注意衔接颜色的转折关系。

调配绿釉时，要注意绿釉是用丙烯酸树脂加湖蓝色、中黄色、黑色、橘红色调配出来的，里面不能加白色油漆色母，一旦加了白色，整个颜色就发灰，浑浊不透明。

6. 施釉

在施釉的过程中，绘画环节绿釉颜色往往做得有偏差，在施釉时釉里要加颜色调整，直到调整到颜色一致为止。施釉完毕，放入自动恒温烤箱烤干，烘烤温度设定在100℃—120℃之间，烘烤时长两个小时左右。

7. 消光做旧

这件器物的釉水非常亮，所以用软布蘸取滑石粉消光这一工序可以免除。把液体纳米二氧化硅用毛笔涂抹到仿釉涂层上，一段时间之后用绸布反复抛打。抛光之后用砂纸做出一些磨痕、划痕。

（三）小结

这件器物上有"蛤蜊光"。有的"老瓷器"往往含铅量高，千年岁月使"铅元素"析出釉层，形成一层"光膜"，此为釉外光，在光的折射下呈现多种色彩，这种光叫"蛤蜊光"。我们在修复的时候怎么仿出这种光呢？在丙烯酸树脂里添加珠光粉和银粉，即可仿出这种光泽。

图6-8-2　明代素三彩贴花双耳炉（修复后）

第九节　清代道光粉彩三国人物刀马战将图双狮耳大地瓶

（一）器物概况

地瓶俗称"大地瓶"，在清代乾隆时盛行，器形高大，多在一米以上，是直接摆放在地上的观赏瓶。器形有撇口式或洗口式，颈部收敛，溜肩，长腹，胎体厚重。

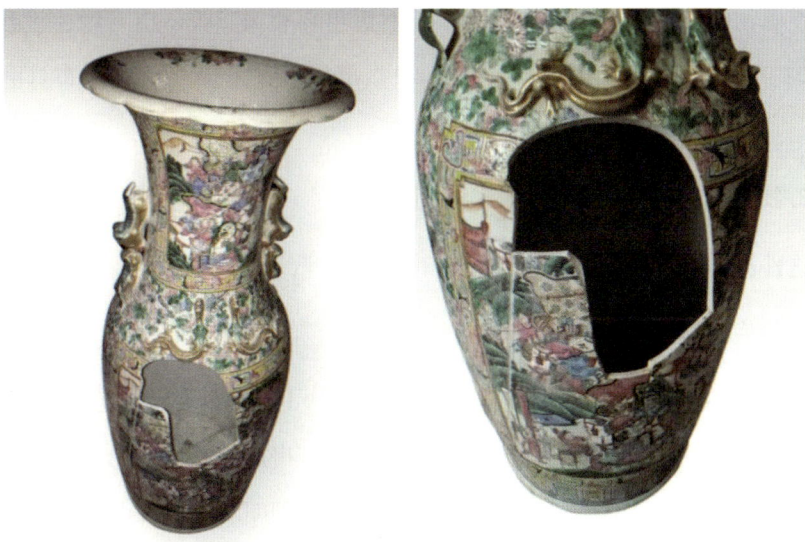

图6-9-1　清代道光粉彩三国人物刀马战将图双狮耳大地瓶（修复前）

刀马人物是瓷器的一种装饰纹样，主要描写战争或习武场面的人物、坐骑、弓刀。

这件清代道光时期粉彩三国人物刀马战将图双狮耳大地瓶，瓶高140厘米，形制硕大，葵花沿外撇，长颈、溜肩、深弧腹、圈足、双狮耳，肩部浮雕四螭龙，均饰以金彩。瓶颈、瓶身两面绘开光刀马人物战将图，整体组合而成一壮观的巨幅大战场面。其腹部缺损面积很大，大面积伤彩，下部还有断折，双狮耳尾部部分缺损。

（二）器物修复操作步骤

1.清洗

这件器物没有土锈、水锈等沉积膜，釉面上有一些油性污垢，烟熏污迹，可用丙酮、乙醚、甲苯、碳酸钠溶液等有机溶剂擦洗。

2.配补

其腹部缺损面积很大，因形状不适合模补法，因而适合填补法。用碳纤维布在器物内壁缺损处作为托底材料，然后将环氧树脂胶、滑石粉、玉石粉搅拌均匀，将调配好的配补材料填补到缺损部位上，干燥之后用砂布打磨光滑平整。

3. 找平

这件器物因为缺损面积大，需进行两遍找平工序。

4. 打底色

把白色油漆色母倒入酒杯类容器中，按 2∶1 的比例倒入丙烯酸树脂固化剂，再倒入适量的硝基稀料，将三者搅拌均匀。再加入其他颜色调配成与器物白釉面一致的颜色。古瓷器白釉面和现代瓷器白釉面是不一样的，古瓷器白釉面颜色层次变化很多，有的地方白色偏暖，有的地方白色偏冷，有的地方是介于冷暖之间的兼色。这种颜色层次变化是当年手工操作、施釉不均导致的，而现代瓷器因为大部分是机器生产，施釉均匀，所以白釉面颜色没有冷暖、深浅层次变化。

将调配好的白色油漆色母依次加入湖蓝色、中黄色、黑色、橘红色，将几种颜色调配成与器物白釉面相同的颜色，用喷笔喷涂到修复部位。喷涂时要掌握两个原则：一是接茬部位颜色要无痕过渡过去，二是喷涂的面积越小越好。

5. 绘画

这件器物伤彩面积很大，需要把缺少的几位人物、战马、兵器、彩旗、山石、植物等画上去。首先要构图，确定需要补画几位人物，人物的造型、年龄、姿势，所拿何种兵器，所乘战马与人物的动作关系，人物和人物之间的关系、动作，母题背景的山石、植物放于画面的什么位置等。构图之后，用铅笔把需要补画的人物、战马、兵器、彩旗、山石、植物等画在修复部位上。画这个的目的是打个底稿，然后用勾线毛笔蘸取黑颜色在铅笔打的底稿上勾画轮廓线。接下来往轮廓线里填玻璃白，并不是每种颜色都要填玻璃白。这件器物画面中绿色、红色、黑色、紫色就不需要填玻璃白，人物的脸部、头发也不需要填玻璃白。画面中的玫瑰红、淡黄色、蓝色要以玻璃白打底，战马也要填玻璃白。填好玻璃白之后，用毛笔画上各种颜色。最后一步工序是再一次勾画黑色轮廓线，因为在填上各种颜色之后，之前勾画的黑色轮廓线部分会被盖住，所以要补勾一下黑色轮廓线。勾线时一定要注意线条的深浅、虚实、轻重、缓急各种变化，要有音乐的节奏韵律感，不要勾成"死"线。

6. 做脏颜色

脏颜色的配色方法：用丙烯酸树脂添加土黄色、黑色、橘红色、湖蓝色、青紫色这几种颜色，调配成深褐色，调配完后用毛笔采用描、抹、墩、拍、擦、揉、点、蹭等各种技法做出自然效果。

7. 施釉

用喷笔将仿釉涂料喷涂到修复部位，如果底层颜色有偏差，需要在仿釉涂料里加颜色予以调整，缺什么颜色就加什么颜色，直到颜色一致为止。

8. 烘烤

这件器物形制硕大，高达 140 厘米，普通的烤箱放不进去，这就需要用烤灯烘烤。

9. 消光做旧

用软布蘸取滑石粉在仿釉涂层上反复研磨消光，之后再涂抹一层液体纳米二氧化硅，一段时间之后，用绸布反复抛光。抛光之后用砂纸做出一些磨痕、划痕。

（三）小结

这件大地瓶缺损部位在腹部，外面修复完之后里面也要修复。因为器物形制硕大，瓶里面又"黑乎乎"的，看不清，所以操作起来难度非常大。

在这种情况下，就是用一根长细棍形工具绑上大号毛笔用笔涂的方式做色上釉。

图6-9-2　清代道光粉彩三国人物刀马战将图双狮耳大地瓶（修复后）

第十节　清代仿哥釉青花葵口龙纹高足盘

（一）器物概况

裂而不破，缺陷美的极致——哥窑。哥窑名列宋代五大名窑，在陶瓷史上有举足轻重的地位。哥窑瓷器的特点：第一，瓷釉。哥窑瓷器上的釉属于无光釉，釉质非常厚，光泽莹润犹如酥油一般，手感细腻。颜色丰富多彩，有灰黄、灰青、米黄、粉青、月白、油灰等多种瓷釉彩。第二，开裂。哥窑瓷器上布满了黄黑相间的裂纹，即"金丝铁线"，金丝指细碎的开片，呈黄色；铁线指大块的开片，呈黑色。金丝铁线的形成是瓷器在烧造的过程中，由于胎质和釉的膨胀系数不同，出窑后开裂所导致的后果。第三，气泡。哥窑器物通常釉层很厚，最厚处甚至与胎的厚度相同。釉内含有气泡，如珠隐现，显微镜下呈现"聚沫攒珠"的效果。

这件清代哥釉青花葵口龙纹高足盘，器形圆润规整，造型别致。釉色莹润，釉面光滑，开片细密自然，胎足老道，瓷胎细腻。但是，有几处断裂和一小块缺损，背部有铜钉铜补留下的小洞。

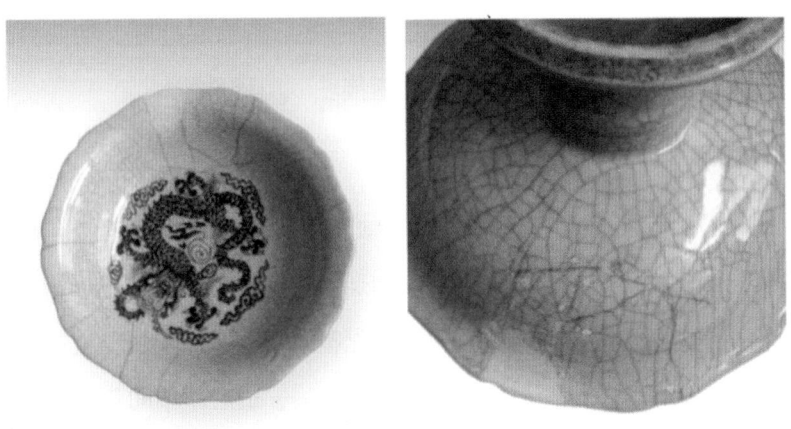

图6-10-1　清代仿哥釉青花葵口龙纹高足盘（修复前）

（二）器物修复操作步骤

1. 清洗

这件器物外表有一些油性污垢。丙酮溶剂除油效果非常好。用镊子夹着脱脂棉蘸取丙酮溶液把整件器物擦拭一遍，这种方法既不伤器物，清洗得又很干净。

2. 黏结配补

这件器物之前是黏结好的，黏结得很平整，所以不需要拆解重新黏结，灌一遍"502"瞬干胶封口即可。器物口沿有一小块缺损，用环氧树脂胶加滑石粉、玉石粉用填补法配补。高足盘背部有一些铜钉铜补留下的小洞，这种小洞还是用环氧树脂胶填补。有一些修复师用汽车腻子或陶瓷修补腻子填补。以笔者的经验，这些材料不可用，因为这些材料在后期烘烤中会"拱"出釉面，形成中空的小泡，而用环氧树脂胶填补小洞，则不会出现这种情况。补小洞时要填实，若填不实后期烘烤时也会出现问题。

3. 找平

这件器物用颜色找平时，涂层尽量薄一些。若涂层过厚，釉面会高出旁边釉面，做金丝铁线时与旁边线条不好衔接。

4. 打底色

找平工序之后打底色。这件器物的釉面是灰青色，所以底色也要配成灰青色。调配颜色时要配三种灰青色：一种是偏浅偏暖灰青色，一种是偏深偏冷灰青色，一种是介于中间的兼色。喷涂时先整体喷一遍偏浅偏暖灰青色，然后把偏深偏冷灰青色以"半遮半掩"的方式喷上去，最后喷中间色衔接一下二者的颜色。喷涂底色时要以最小面积为准。

5. 绘画

哥窑瓷器的修复是所有瓷器中修复难度最大的，最大的难点在于绘画这道工序，这件器物的开片是黄褐色的金丝线。制作这种金丝线有两种方法：第一，调配好黄褐色，用勾线毛笔直接画在喷好的底色上。勾线时线条要画得极细，要有深浅、轻重、虚实、缓急各种变化，要有音乐的节奏和韵律感，切忌画成"死"线，所画开片的纹理、大小、疏密要和器物未损坏部位一致。第二，喷完底色后，上一遍厚釉，之后烤干。然后用刮胡刀片在釉层上划出开片的纹理，用勾线毛笔把黄褐色渗进划出的开片纹理中，这里注意是"渗"进去，而不是画上去。

画好开片的金丝线条后，用喷笔把黑颜色沿着金丝线条喷成小细"面"，这一步很关键，目的是让画好的金丝线条从釉层里面自然开裂，是烧出来的感觉。若没有这一步，画好的金丝线条则浮于表面，死板僵化，没有烧出来自然开裂的效果。

6. 做脏颜色

这件器物釉层上有一些棕眼，这些棕眼有些是深褐色，有些是黑色。把棕眼的颜色做上去，再做一些脏颜色。

7. 施釉

哥窑的釉面是乳浊釉，修复施釉也要做成乳浊釉，调配乳浊釉是在丙烯酸树脂里加一些白色油漆色母。施釉时施厚一些，并把气泡做上去，气泡要做得多一些，就是多洒几层白色小颗粒。这些白色小颗粒落在厚釉上会发生物理变化，形成气泡。施釉完毕，放入自动恒温烤箱烤干。

8. 消光做旧

用软布蘸取滑石粉在仿釉涂层上反复研磨消光，之后涂上一层液体纳米二氧化硅。一段时间后，用绸布反复抛光。抛光之后用砂纸做出一些磨痕、划痕。

（三）小结

坊间有一些修复师提出用蛋壳镶嵌法做"碎裂纹釉"，笔者认为并不可行，原因有两点。一是瓷器的釉面是平滑的，鸡蛋壳本身有一定的厚度，把它镶上去做出来的釉面会高出未损坏部位的釉面，视觉上看不是同一个平面。二是把鸡蛋壳摁碎了形成的裂纹纹路走向、大小疏密不可能和未损坏釉面的碎裂纹一样。基于这两点，这种修复法只停留在理论层面上，实际并不可行。

图6-10-2　清代仿哥釉青花葵口龙纹高足盘（修复后）

第十一节　清代康熙青花五彩宝珠顶高圆盖

（一）器物概况

青花五彩是以釉下青花作为一种色彩而与釉上多种彩相结合的瓷器装饰技法。图案中的蓝色部分先以釉下青花描绘，上釉烧成后再用釉上彩料彩绘其他部分，最后入炉烘烧而成。

以儿童游戏为装饰题材的图称为婴戏图，是瓷器装饰的典型纹样之一。婴戏图最早见于唐代长沙窑瓷器，而清代瓷器上出现婴戏图，缘于康熙朝社会生活稳定、人口增长较快，在那种背景下，婴戏图成为习见的艺术画，并使宫廷艺术品受到影响。

这件清代康熙青花五彩宝珠顶高圆盖，形似帽盔状，宝珠顶、弧壁、外撇宽沿，子母口略内收。其釉上五彩有红彩、绿彩、黄彩、蓝彩、紫彩，盖子的主题纹饰为通景式庭园婴戏图，庭园内有两个童子嬉戏其中，童子梳单髻，身着绸衫，庭园内有假山，地面点缀绿草。其缺损面积近二分之一，之前的配补材料是石膏，修复时需将石膏材料全部清除。

第六章　古陶瓷修复实例讲解

图6-11-1　清代康熙青花五彩宝珠顶高圆盖（修复前）

（二）器物修复操作步骤

1. 清洗

这件盖子釉表有一些油性污垢和烟熏污迹，常用的去污方法是用丙酮溶剂擦拭一遍，但因盖子上有些釉上彩绘有轻度脱彩现象，如果用丙酮溶剂擦拭会加重脱彩现象，所以采用皂液洗涤法，这样既不伤器物又清洗得很干净。

2. 配补

这件器物缺损面积近二分之一，这种情况适合采用红白打样膏翻模方法配补。这里需要注意的是，配补材料是环氧树脂胶加滑石粉和玉石粉。在配补前，先用环氧树脂胶在断茬口上涂抹一层，这样做的目的是增强黏结力。如果缺少这一步，直接把调配好的环氧树脂胶加滑石粉、玉石粉配补上去，黏结牢固度没那么强。

3. 找平

这件盖子正面找平的方法和其他器物的找平方法一致。后面露胎部位找平时要注意旋纹的纹理走向和跳刀痕，不要找得太平，要粗糙一些。

4. 打底色

调配和器物白釉面相同的白颜色，用喷笔喷涂在找平后的修复部位上。这里需要注意的是，盖子的背部是露胎的，露胎部位白底色，颜色要偏暖一些。

5. 绘画

青花五彩器物采用釉下彩和釉上彩相结合的形式。这件盖子先画青花釉下彩，青花纹饰是双圈和假山，双圈的勾线要画出晕染的效果，不能勾"死"线，假山上的青花是用渲染分水法处理的。画完青花后，用喷笔将仿釉涂料喷上去，然后烤干打磨。打磨时要掌握好手感，既要打平又不要把画好的青花纹饰打磨下去。接下来，开始画釉上彩的四种颜色：红彩、绿彩、黄彩、褐彩。这里的绿彩有玻璃状结晶及脱离的现象，手摸有凸起感和毛刺感。怎么模仿这种磨砂效果呢？就是在绿彩画完后，用仿釉涂料加自凝造牙粉涂上一层。这里的黄彩和褐彩要做压色处理，不要太艳。

6. 做脏颜色

盖子的釉面上有一些脏颜色，用毛笔适当地做上去。

7. 施釉

用喷笔将仿釉涂料喷涂在修复部位，一边喷涂一边进行颜色调整，直到修复部位和未损坏部位釉层颜色一致为止。

8. 消光做旧

用软布蘸取滑石粉在仿釉涂层上反复研磨消光，之后涂上一层液体纳米二氧化硅。一段时间之后，用绸布反复抛光，抛光之后用砂纸做出一些磨痕、划痕。

9. 盖子后部露胎部位的修复

盖子找平和打底色方法前文讲过，此处不再赘述。接下来做磨砂面，将丙烯酸树脂加氧化镁、自凝造牙粉搅拌混合均匀，用毛笔涂抹到白底色上。然后将之烤干，用砂纸把砂粒打平。再画旋纹和脏颜色，旋纹是器物底部旋切和拉胚留下的螺旋纹痕迹，或疏朗，或紧密，旋纹间隔不同，疏密度不同。画盖子的旋纹时，要注意线条的深浅、轻重、虚实、缓急等各种变化，要画得很自然，切忌死板生硬。画完旋纹，再画一些脏颜色上去，做出古旧的感觉。最后做消光处理。由于胎部是无釉、完全失光的，因此仅用软布蘸取滑石粉研磨法是消不下去，这里用减光剂消光。将丙烯酸树脂、减光剂、硝基稀料搅拌混合均匀，用喷笔喷涂上去，光就会完全消下去。

（三）小结

这件盖子修复的难点是对胎部的修复，胎部是玻璃磨砂质感，得用有机材料修复出无机材料的效果。现在修复的器物不论是物理指标、化学性能指标，如机械强度、化学侵蚀性、膨胀系数等，还是修复完后的质感、光泽度、玻璃相的组成等，都无法做到和原物一致。这就需要研发新工艺、新材料并引进国外先进的科学技术到古陶瓷修复领域。从业者已经有人在低温釉研制、激光修复等方面摸索试验，这个过程任重而道远。

图6-11-2　清代康熙青花五彩宝珠顶高圆盖（修复后）

第十二节　唐代邢窑褐釉三足炉

（一）器物概况

邢窑始烧于北朝，衰于五代，终于元代，唐代时为制瓷业七大名窑之一。邢窑陶瓷色釉有低温釉、高温釉两种。高温釉称为瓷釉，低温釉称为色釉陶釉。褐釉瓷器属于高温釉，色泽蕴积深沉，含蓄中暗藏变化，质感盈润。

香炉是焚香的器具，用陶瓷或金属制成各种形式，其用途亦有多种，或熏衣，或陈设，或敬神供佛。香炉在形状上常见为方形或圆形，圆形的香炉都有三足，一足在前，两足在后放置。

这件唐代邢窑褐釉三足炉，敞口、折沿、短颈、圆腹面，底部三足支撑，造型端庄沉实，外施褐釉，釉质浑厚饱满，深入胎骨。其口沿外周圈全部缺失，之前用石膏配补，现需将石膏全部清除。

图6-12-1　唐代邢窑褐釉三足炉（修复前）

（二）器物修复操作步骤

1. 清洗

这件三足炉器表面附着一些盐类沉积膜，盐类物质容易侵入器物内部，造成内部结构发生变化，产生酥解，所以要经过脱盐处理。脱盐处理时采用蒸馏水浸泡除盐法，将三足炉放在蒸馏水中浸泡，两三天换一次水，浸泡三四次后取出晾干即可。

2. 配补

这件器物口部外周圈全部缺失，没办法用模补法，可用填补法。将环氧树脂胶加滑石粉、玉石粉搅拌混合均匀，揉搓成团状，放置一段时间，然后将配补材料填补到器物口部缺损处。配补的时候一定要将外周圈补全，厚薄要一致。

3. 找平

这件三足炉缺损面积大，找平工序要进行两遍。

4. 打底色

这件三足炉的底色，第一层是灰白胎色，第二层是棕黄色。用喷笔把调配好的灰白胎色喷涂在修复部位，然后调配棕黄色，用喷笔把棕黄色喷涂在第一遍灰白胎色上。这里要注意的是，喷涂棕黄色时，有的地方要覆盖住白色，有的地方半覆盖，若隐若现的，有的地方不喷，留白底色。

5. 绘画

这件三足炉的釉面上有很多密密麻麻的小黑点，这里采用喷画结合的方式。第一步，调配褐釉色，用毛笔将褐釉色做到棕黄底色上。具体操作方法是，用毛笔蘸取褐釉色涂到一个部位，然后用手指肚抹开，再用毛笔把边缘晕染开。一个色块、一个色块地做，中间用毛笔蘸取硝基稀料过渡衔接。第二步，调配黑色，用喷笔把黑色"洒"在画好的褐色上。这里强调一下，是"洒"上去而不是喷上去，因为"洒"上去的是密密麻麻的小黑点，而喷上去的是液体。如何"洒"上小黑点，这里有两个技术要点：一是将黑色调配得稠一些。二是按动喷笔的按钮掣时，要半压着按，悠着点儿劲，不要压到头，这种手法就能做出密密麻麻的小黑点。

6. 施釉

把调配好的仿釉涂料均匀地喷涂到修复部位。这件三足炉是薄釉，喷涂时要喷得薄一些。

7. 消光做旧

这件三足炉的釉面是半哑光。之前介绍了两种消光方法，即用软布蘸取滑石粉反复研磨消光和用减光剂消光。在此，以上两种方法都不适用。此处采取的方法是，将丙烯酸清漆、固化剂、硝基稀料搅拌混合均匀，调配成仿釉涂料，用喷笔将仿釉涂料薄薄地"扫"在施完釉的修复部位上。这种"扫"的方法形不成液体釉层，会形成"乌突突"的雾面，这样半哑光的效果就出来了。

烤干之后用砂纸做一些磨痕、划痕。

(三) 小结

这件三足炉色泽蕴积深沉、含蓄、古色古香，把这种古朴的味道还原出来，是高层次的修复。修复师不仅需要有敏锐的色彩感知能力，还要有作色技巧，更要有艺术家思维的广度和深度。有人认为修复师是工匠，只追求技艺方法，无法通过作品表达情感精神，反映自己的人生观和价值观，没有生动的灵性在里面。笔者认为匠人和艺术家没有不能逾越的界限，不要受固定模式的禁锢。比如对这件三足炉的修复，把器物本身的气质、历史文化内涵表现出来，才真正地尊重了那段历史，传承了古文化。

图6-12-2 唐代邢窑褐釉三足炉（修复后）

第十三节　清代黄釉青花八卦纹双耳抱月瓶

（一）器物概况

抱月瓶又叫"宝月瓶"，是明清时期非常流行的一种瓷器。抱月瓶的形制通常为小口、直颈，在颈的两侧有耳，最大的特色是瓶腹就像一轮圆月，所以才叫抱月瓶。一直以来，黄釉都是明清时期皇家的严控釉色，为皇帝御用或祭祀专用釉色。

这件器物颈部饰如意耳，线条自然流转，腹部浑圆，通体黄地青花装饰，釉面油亮匀称，青花色彩艳丽。其口部破碎几块，其他部位保存完好。

图6-13-1　清代黄釉青花八卦纹双耳抱月瓶（修复前）

（二）器物修复操作步骤

1. 清洗

这件器物口部内壁附着一些硬质污垢。先用刀片将硬质污垢表层刮除，再用镊子夹取脱脂棉蘸取丙酮溶液将残余物擦拭干净。

2. 黏结

这件抱月瓶之前有过黏结，但错茬严重，需要重新拆解黏结。对于曾修复过的瓷器需进行拆解重粘者，处理的方法是加温或浸入热水中，加少许碱，即能软化拆解。另外，釉上彩忌用强酸、强碱清洗，以免脱彩。

拆解后，用打磨机沿破碎瓷片的茬口处打磨"削肉"，"削肉"处理之后黏结就会非常平整光滑，不会错茬。

3. 找平

这件抱月瓶口部破碎严重，需要两遍找平工序才能基本找平。找平工序没有次数限制，以彻底找平为准。

4. 打底色

这件器物需要打两层底色，下面一层是白底色，上面一层是淡黄底色。喷涂淡黄底色时，有青花纹饰的地方，白底色要露出来。

5. 绘画

这件抱月瓶口沿处是两圈青花线条，下部是花卉纹饰。青花呈色鲜蓝青翠、明净艳丽、清朗不浑、艳而不俗。

分水技法是绘画青花纹饰的一种技法，用青花料在瓷器坯胎上勾勒纹饰后，在纹饰的轮廓线内，以含不同分量青花料的浓淡料水分出深浅不同的色调，这一过程称为"分水"或"混水"。青花料通常调为五个色阶，即头浓、正浓、二浓、正淡、影淡。

这件抱月瓶在绘制青花花卉时，先用淡蓝色青花釉料整体染一遍色，边缘要晕染开；再用中间浓度的青花颜色以"半遮半掩"的方式局部填色；接着用较浓青花颜色局部加深；最后用最浓青花颜色加重处理。每一步填色，边缘都要晕染开。抱月瓶口沿部两圈青花线条颜色也分头浓、正浓、二浓、正淡、影淡，要表现出这种浓淡色阶变化，切忌画"死"线。

6. 做脏颜色

用丙烯酸树脂和油漆色母调配脏颜色。这里的脏颜色指的是深褐色，不是纯深褐色。在里面要加一点儿群青色降低纯度，这样会有古旧感。调好后把脏颜色适当做在器物内壁上。

7. 施釉

这件抱月瓶施釉不是施"清"釉，而是釉里含颜色，就是把"鸡油黄"色添加进仿釉涂料里，在施釉过程中同时做气泡。

8. 消光做旧

用软布蘸取滑石粉在仿釉涂层上反复研磨消光，之后再涂抹一层液体纳米二氧化硅。一段时间之后，用绸布反复抛打，抛光之后用砂纸做一些磨痕、划痕。

（三）小结

清代黄釉瓷器在釉色方面推陈出新，著名的"娇黄釉""蛋黄釉"等品种就是在此时出现的。此种釉色清澈晶莹、娇柔美丽、透明度极高，这件抱月瓶修复的难点是把瓷釉晶莹透亮的光泽和质感表现出来。

图6-13-2　清代黄釉青花八卦纹双耳抱月瓶（修复后）

第十四节　元代钧窑天蓝釉红斑碗

什么是"金缮"？金缮源于中国，是运用大漆等纯天然材质修补残缺器物的工艺名称，是需要一定审美的一门技艺。

金缮是一种传统的瓷器修复技术，这门手艺的出现是基于对残缺物品的珍惜，用世上最贵重的物质来面对缺陷。采用这种修复技巧，不但可以修复器物，还可能诞生一件独特的全新作品。从审美角度看，它是一种艺术的再创作。尤其在汝窑、钧窑、龙泉窑的体现上，如冰似玉的瓷釉和金彩相互映衬，体现了一种独特的美。

（一）金缮修复所需要的工具材料

金缮修复工具：刮刀、砂纸、毛笔、吹风机、电窑炉、美工刀、羊毛刷。

金缮修复所需材料：生漆、黑漆、鸡蛋清或糯米粉、金箔、金粉、金地漆。

图6-14-1　元代钧窑天蓝釉红斑碗（修复后）

（二）器物修复操作步骤

1. 清洗

这件器物外表比较干净，既可以用碱水清洗，也可用肥皂、洗衣粉水清洗，再用清水冲净。

2. 黏结

第一步为调漆：调制胶合漆。有两种配方，一是黑漆加鸡蛋清；二是黑漆加糯米粉，将它们搅拌，直到漆成黏稠状。

第二步为黏合破损处：在钧窑大碗的陶瓷断面涂胶合漆，两边都涂上一层，两块一合，用力一挤，拼好之后进行调整，一定要保证两边严丝合缝。黏结时要从下往上、从小往大黏，黏好之后，用胶带固定。

3. 打磨漆面

待胶合漆干透，用砂纸打磨，让表面平整圆润过渡。一般要经过多次反复打磨，直到光滑。

4. 上黑漆

用勾线毛笔把黑漆涂到黏结处，阴干，用砂纸打磨，反复几次一直到打磨得光滑。上黑漆的目的是找平，以便后续上金粉时更平整。

5. 上金地漆

把金地漆涂到打磨好的黑漆上，要求厚薄均匀，完全覆盖底部漆面，不能有丝毫遗漏。涂完金地漆后，需要等待 3 至 6 个小时，直到漆膜干燥到半干状态。

6. 上金粉

在金地漆半干不干、摸着有些粘手时，用羊毛刷子蘸点儿金粉慢慢地擦上去，直到擦匀。

7. 罩漆

用棉签蘸上透明罩金漆，涂到金面上，反复多次，罩漆的目的是对金面起到保护作用。

8. 揩清和推光

揩清和推光的目的在于提高漆面的光洁度，使漆面散发出内蕴之精光，使漆作品更加深沉、含蓄、高贵。

揩清的操作是用表面较为光滑的丝绸包裹的棉花团，蘸少量精致生漆擦拭在漆面上。揩清时要注意手法与漆的流动方向，切记不能残留多余的漆在漆面上。揩清一次需阴干两至三小时，这样重复揩清四到五次，方可进行推光。

推光以植物油蘸取瓦灰，先用棉花反复推擦漆面，之后用手掌以面粉和植物油推磨漆面，这样反复多次，直到漆面发出宝蕴之光。

（三）小结

金缮修复有一个重要的注意事项，就是修复师一定要戴手套，因为绝大多数人对大漆过敏。大漆过敏是一个逐渐集聚的过程，易导致人的皮肤出现局部或全身不适症状。

课后作业

1. 准确领会古陶瓷的修复理念是什么。

2. 熟悉器物修复的操作流程和具体步骤。

3. 充分了解多种修复技巧，懂得相关化学材料的应用和设备工具的使用方法。

4. 了解新技术、新工艺、新材料的研发设想和思维拓展。

第七章　古陶瓷的保存与养护

古陶瓷的保护需要适宜的环境和妥善细心的养护，若措施得当可延长古陶瓷的寿命，减少其受损程度，能够最大限度保存原本样貌和历史痕迹。

第一节　保存环境

陶瓷类文物的物质结构、化学性质相对稳定，受温度、湿度影响的概率较小，但我们不能简单认为温度、湿度不会对古陶瓷造成伤害。

如果在短时间内温差过大，那么瓷器上原有的裂纹就会加深加长，尤其在薄胎的瓷器上更为明显，甚至器物会因剧烈的热胀冷缩而崩碎。若湿度过大，瓷器胎部因孔隙多容易吸收进大量水分，造成内部组织结构发生变化而酥解破碎。

基于上述原因，古陶瓷器保存环境温度应在15℃—25℃之间，湿度不要超过60%，这种温湿度既能使文物处于稳定、安全的状态，也能防止霉菌的滋生。

此外，光照对瓷器也会造成一定的损害，光化学作用会使瓷器胎釉变色、彩绘褪色，因此瓷器要放在避光处保存。

保存陶瓷器还要注意防尘。陶瓷表面上有一层反光层，其性质与玻璃相仿，灰尘虽然很小，但也是一些细小的沙粒，沙粒有一些很尖锐的棱角，会造成轻微的摩擦类损伤。当尘土进入陶瓷器原有的裂纹损伤处，若积聚过多，产生的膨胀力量会使裂纹加深加长，加剧釉面剥落。

第二节　养护手段

瓷器如果保养不当，会受到严重损害，不利于长久保存，特别是传世和出土的精品，更应该精心保养。对于瓷器的收藏保护，要注意以下几点。

第一，瓷器都是易碎品，在保存时要注意防震、防挤压、防碰撞。

瓷器要放在软而粗糙的垫子上，严防直接放在瓷砖、水泥等硬质地面上，在地震多发的地区最好不要放在架子上。储存时，最好的储存方法是把瓷器放在根据尺寸定制的带有柔软内囊的文物囊匣中。

第二，在观赏瓷器时要轻拿轻放，防止瓷器摔落，尽量不用汗手摸，戴上手套，避免手上的汗渍影响瓷器。

第三，瓷器不要放在阳光下暴晒，否则会开裂，最好放在暗处保存，避免阳光的照射。

第四，清洁古陶瓷时，出土痕迹、老化痕迹和传世痕迹都不要清理掉，避免对瓷器造成损害。

第五，平时保养时，可以用干净的湿布擦拭瓷器，用柔软的刷子刷除缝隙间的尘土。对于描金彩瓷器，不可用鸡毛掸子进行清洁，因为鸡毛掸子易损伤瓷器上的描金，而有的彩绘也会因长期的拂扫而脱尽。

瓷器文物与所有的物质一样，它们的寿命是有一定限度的。妥善保管、精心养护，可以在很大程度上避免客观环境对它们造成损坏，让它们"延年益寿"，尽可能长久地一代又一代保存下去。

小　结

对于古陶瓷的保存与养护，有些人可能认为陶瓷器物是高温烧制而成的，不容易受到外界环境等的损坏。其实，这是一个认识方面的误区。不要说物理机械损坏、化学损坏、光照损坏，即使灰尘也会对陶瓷器物造成损坏，这种损坏是滴水穿石式的，短期内看不出有什么变化，长期下来造成的损坏才会慢慢显现。所以古陶瓷器物和其他文物一样都需要精心养护。

课后作业

1. 古陶瓷保存环境温度在多少度之间？
2. 短期内温差过大会对陶瓷器物造成哪些损害？
3. 描金彩的器物为什么不能用鸡毛掸子进行拂扫？

附录

修复作品欣赏

明洪武青花扁菊纹碗（修复前）

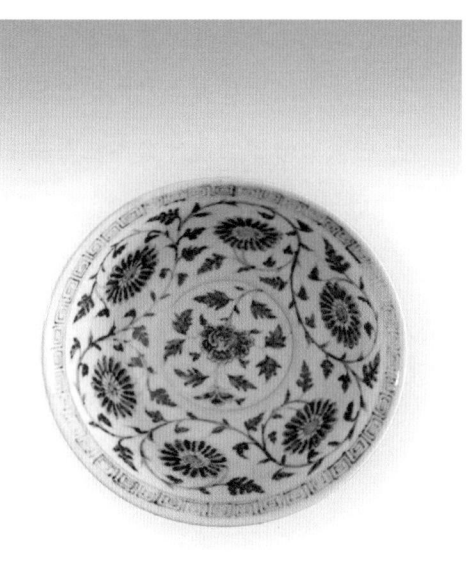

明洪武青花扁菊纹碗（修复后）

附录 修复作品欣赏

清代乾隆时期青花矾红海兽纹碗（修复前）　清代乾隆时期青花矾红海兽纹碗（修复后）

宋金时期当阳峪窑剔花　　　宋金时期当阳峪窑剔花梅瓶（修复后）
梅瓶（修复前）

青花簋胎底（修复前）

青花簋胎底（修复后）

青花簋盖（修复前）

青花簋盖（修复后）

黄釉葫芦瓶（修复前）

黄釉葫芦瓶（修复后）

附录 修复作品欣赏

清代乾隆时期青花匜（修复前）

清代乾隆时期青花匜（修复后）

明代龙泉窑大盘（修复前）

明代龙泉窑大盘（修复后）

清代乾隆时期青花过墙龙纹碗（修复前）

清代乾隆时期青花过墙龙纹碗（修复后）